AF391008

TRAITÉ PRATIQUE

DE COMPTABILITÉ

DU MÊME AUTEUR

COMPTABILITÉ AGRICOLE en partie simple et en partie double;
notions pratiques à l'usage des pensions, des écoles primaires, des
cultivateurs, des fermiers et des propriétaires de grands domaines.
Prix. . . . . 1 fr.
Ouvrage couronné par la Société d'agriculture, sciences et arts de Poligny.

PARIS. — ÉDOUARD BLOT, IMPRIMEUR, RUE TURENNE, 66.

TRAITÉ PRATIQUE

DE

COMPTABILITÉ

EN PARTIE SIMPLE ET EN PARTIE DOUBLE

PRÉCÉDÉ D'UN

VOCABULAIRE DES EXPRESSIONS COMMERCIALES

ET DE FORMULES D'ACTES ET DE LETTRES DE COMMERCE

À L'USAGE DES PENSIONS, DES ÉCOLES PRIMAIRES ET DE TOUTE PERSONNE
CHARGÉE D'UNE TENUE DE LIVRES

PAR J. SCHNEIDER

Comptable de maisons de banque, de commerce et d'industrie.

L'INTRODUCTION DE CET OUVRAGE DANS LES ÉCOLES PUBLIQUES EST AUTORISÉE
PAR DÉCISION DE S. EXC. M. LE MINISTRE DE L'INSTRUCTION PUBLIQUE

—

DEUXIÈME ÉDITION

—

PARIS

LAROUSSE ET BOYER, LIBRAIRES-ÉDITEURS

49, RUE SAINT-ANDRÉ-DES-ARTS, 49

TRAITÉ PRATIQUE
DE COMPTABILITÉ

INTRODUCTION

La mission du commerce est de distribuer dans le pays les produits de l'exploitation et de l'industrie et d'apporter du dehors, en échange du superflu dont il dispose, les objets nécessaires à ses besoins ou favorables à son aisance, et que son exploitation ou son industrie ne pourraient lui offrir ou ne lui offriraient qu'à son détriment.

Il y a donc deux genres de commerce : le commerce intérieur et le commerce extérieur.

Le commerce intérieur est l'échange entre les habitants d'un même pays des articles produits par lui-même. Il se subdivise en commerce en gros et commerce en détail.

Le commerce extérieur est l'échange de denrées et de marchandises contre des objets nécessaires, utiles et commodes entre des pays dont les produits diffèrent.

L'un donne ce qui manque à l'autre, et chacun de ces pays trouve un avantage et dans ce qu'il cède et dans ce qu'il acquiert. Ainsi les États-Unis d'Amérique et la Russie échangent leurs blés, leurs farines, leur chanvre, leur coton; la Suède nous donne ses fers et ses bois de construction; l'Angleterre et la Belgique nous fournissent de la houille pour nos vins, nos huiles, nos soieries, nos articles de Paris, etc., avec un égal avantage. L'agriculture et l'industrie des peuples unis par le lien du commerce font des progrès et procurent au négoce des moyens de prospérité.

Lorsque la nécessité de l'échange fait place à la spéculation aventureuse et qu'au lieu de troquer des produits superflus contre des objets utiles, une ardeur cupide s'efforce de faire naître des besoins factices et crée ou accumule des produits pour les transporter là où la probabilité d'une consommation nouvelle en fait présumer le débit, le commerce peut devenir une source de corruption et de désordre dans l'économie sociale. Le désir naturel d'un bénéfice honnête se change alors en avidité insatiable et devient bientôt l'unique mobile du commerce. A ce moment des désordres se produisent dans l'économie sociale : à l'intérieur une concurrence acharnée, souvent déloyale, et, comme conséquence naturelle, la ruine des maisons établies, une lutte des industriels contre les ouvriers pour baisser les prix de la main-d'œuvre, etc.; à l'extérieur jalousie, quelquefois hostilité et guerre contre des peuples rivaux; atteinte à leur industrie et à leur commerce. C'est alors qu'il faudrait se rappeler les belles paroles d'un auteur français : « Le monde et la société ne devraient être qu'un échange » continuel et réciproque de bons procédés, de secours

» et d'assistance mutuelle; tout commerce, toute rela-
» tion, toute union sociale, devraient reposer sur ces
» bases et sur celles de la tolérance et de l'indulgence
» réciproque. »

Voici maintenant en quoi consiste le talent essentiel
du commerçant.

Il consiste :

1° Dans la connaissance du public auquel il a affaire.
Ses besoins, ses goûts, ses habitudes et ses moyens pécuniaires doivent être pris en sérieuse considération par
tout homme qui veut se livrer au commerce ;

2° Dans la connaissance parfaite de la qualité et du
prix intrinsèque de ce qu'il achète. En ignorant ces deux
choses, le commerçant s'expose à être dupe de la mauvaise foi des vendeurs et à éprouver des pertes sur ses
opérations ;

3° Dans la vente à un prix supérieur au prix d'achat.
Tout commerçant doit acheter au meilleur prix et vendre à un prix plus élevé, afin d'obtenir un bénéfice réel
qui lui est dû, par cette raison qu'il expose ses capitaux
et qu'il consacre son temps aux affaires de son commerce ;

4° Dans la modicité relative des faux frais. Les frais
de loyer, d'émoluments d'employés, etc., grèvent les
marchandises, dont il faut ensuite augmenter le prix d'a-
chat sans que l'on puisse pour cela en augmenter le prix
de vente ;

5° Dans la plus stricte surveillance de la marche des
affaires. Comme il n'y a point de commerce sans crédit,
il faut que le commerçant suive attentivement les ventes
à terme, afin de savoir à qui et à quelles conditions il
vend, ainsi que le mouvement des fonds qui sortent et

qui rentrent, pour être toujours en état de payer à vue les dettes exigibles en numéraire;

6° Dans l'agrandissement continuel du cercle des affaires; mais à mesure qu'il donne de l'extension au crédit, il doit augmenter le fonds de réserve, afin de pouvoir en toute circonstance faire honneur à ses engagements.

Par quel moyen le commerçant se mettra-t-il à même de remplir la plupart de ces conditions, si ce n'est par la tenue d'une comptabilité régulière? C'est cette science que je vais traiter ici, et, pour justifier le titre de ce livre, je la ferai précéder d'une liste d'expressions techniques, ainsi que d'un cours de rédaction d'actes et de lettres de commerce.

LISTE ALPHABETIQUE

LISTE ALPHABETIQUE

DES EXPRESSIONS COMMERCIALES

LES PLUS USITÉES

Abréviations dont on fait ordinairement usage sur les livres et dans les lettres de commerce.

Acc^{on}	acceptation.
Art.	article.
Av. de payem^t	avance de payement.
B^{ce} ou Bal^{ce}	balance.
B/	billet.
B/ B/	billet de banque.
Bord^{au}	bordereau.
B. P.	bon pour.
C/	caisse.
Cie	compagnie.
Cte	compte.
Cte C^t	compte courant.
C^{on}	commission.
C^t ou Cour^t	courant.
Court^e	courtage.
Div/	divers.
Div^{de}	dividende.
D^{sne}	douzaine.
D^{er}	dernier.
Éch^{ce}	échéance.
Éch^{on}	échantillon.
Esc^{te}	escompte.

Exp^{on}	expédition.
Ext. de Cte	extrait de compte.
Fab^{on}	fabrication.
F^{re}	facture.
F^o	folio.
F. ou fr	francs.
F^{eo}	franco.
J^r ou j^{rs}	jour ou jours.
K^o ou k^{os}	kilogrammes.
L/	lui, leur.
M^{at}	mandat.
M.	mètre.
M/	mon, ma, mes
N/	nous, notre, nos.
N/ v/	notre ville.
N^{on}	négociation.
N^o	numéro.
O/	ordre.
P^{ce}	pièce.
P^n ou p^{ain}	prochain.
P. et P.	profits et pertes.
P^r	pour.
P. $^o/_0$ ou $^o/_0$	pour cent.
P. $^o/_{00}$ ou $^o/_{00}$	pour mille.
Qq.	quelques.
Rab.	rabais.
Règ^t	règlement.
Rem/	remise.
S/	sur, son, sa ses
T^{te}	traite.
Val.	valeur.
V/	vous, votre, vos.
V/ v/	votre ville.

Il y a encore d'autres abréviations qui s'expliquent par le sens
des phrases où elles se trouvent; par exemple : un effet s/ v/ m/,
un effet sur vous-même; à v/ c^t, à votre crédit; d^{eur} à nouv/,

débiteur à nouveau; s/ B/ à m/ O/, son billet à mon ordre; S. E.
ou O., sauf erreur ou omission.

———

ACTIF. On désigne par ce mot tout ce que possède un négociant tant en marchandises qu'en espèces, effets à recevoir, meubles, immeubles, créances, etc.

AGIO. Différence entre l'argent de banque et l'argent courant. On appelle aussi agio le bénéfice que font les changeurs de monnaie sur l'or contre des pièces d'argent ou sur l'argent contre du cuivre.

APPOINT. La somme qui fait le solde d'un compte de banque ou d'un compte de marchandises.

APUREMENT. Reddition finale d'un compte. Apurer un compte, c'est en faire l'apurement, en payer le montant contre une décharge finale.

ARRÊTER UN COMPTE. Faire la différence du débit et du crédit, et déterminer la somme due par l'une des parties.

AVISER. Avertir par correspondance d'un envoi de marchandises, de la mise en circulation d'une traite, de l'arrivée d'un vaisseau, etc.

AVOIR. Crédit. On entend par ce mot ce que possède un négociant.

BANQUEROUTE. Insolvabilité feinte d'un négociant qui refuse de se liquider envers ses créanciers. (Voir Code de comm., liv. III, tit. II, art. 584 et suiv.)

BILAN. État général de l'actif et du passif d'un négociant.

BORDEREAU. État de différentes espèces qui forment une somme, ou de plusieurs sommes qui composent un compte.

CAPITAL. Fonds en valeur d'argent ou d'objets quelconques que le négociant apporte ou possède dans son commerce. — En tenue de livres, l'un des comptes généraux.

CHANGE. Commission que les banquiers prennent sur les effets payables dans d'autres villes que celles qu'ils habitent. — Opération de banque qui se fait pour savoir s'il y a du bénéfice sur les sommes à compter ou à recevoir directement ou dans telle ou telle ville au moyen de lettres de change.

COMMANDITE. Association entre deux personnes dont l'une fournit les fonds et l'autre emploie son industrie dans ce qui concerne l'intérêt de leur entreprise.

COMMISSION. Charge donnée à quelqu'un d'acheter ou de vendre des marchandises ou de négocier des effets. — Salaire que reçoit le commissionnaire. — Somme prélevée par les banquiers sur les payements.

CONTRE-PARTIE. Lorsqu'on annule un article porté par erreur au Journal ou au Grand-Livre, on passe un autre article de la même importance à l'autre partie du compte, en expliquant que c'est pour extourner tel ou tel article. Le second article forme alors la contre-partie de celui passé par erreur.

CONTRE-PASSER. Opération qui a pour but d'annuler un ou plusieurs articles passés par erreur.

COUPON. Mandat de payement d'un semestre ou d'une année d'intérêt, que l'on coupe d'une action ou d'une obligation.

COURRIER. La totalité des lettres qu'un négociant écrit ou reçoit en une seule fois. — La voiture par laquelle on transporte les lettres d'une ville dans une autre.

COURTAGE. Salaire dû au courtier pour achat, vente, échange de marchandises, effets, etc.

COUVERTURE. Montant d'une traite que le tireur remet au tiré pour le mettre en état de payer la traite à son échéance.

CRÉANCE. Opposé à dette. Propriété d'une valeur due par quelqu'un.

CRÉANCIER. Celui à qui on doit des valeurs pécuniaires ou autres.

CRÉER UN EFFET. Confectionner un mandat.

CRÉDIT (voyez *Avoir*). Donner un crédit, c'est faire passer une somme à l'Avoir d'un compte par notre Débit.

CRÉDITER. Inscrire une ou plusieurs sommes à l'Avoir d'un compte. On donne ordinairement avis de cette opération en ces termes : « Je vous ai crédité, » ou : « Votre compte est crédité de la somme de…, etc., » pour exprimer que la somme a été passée au crédit du compte.

CRÉDITEUR. Voyez *Créancier*.

DÉBIT. Opposé à *Crédit*. C'est la page gauche d'un compte au Grand-Livre, où l'on inscrit toutes les sommes qui sont dues.

DÉBITER. Opposé à *Créditer*. C'est inscrire un ou plusieurs articles au Doit d'un compte. Pour donner avis de cette opération à un correspondant, on dit : « Je vous ai débité, » ou : « Votre compte est débité pour la somme de… »

DÉBITEUR. Celui qui doit une somme ou une valeur quelconque. — Le compte qui a reçu des valeurs ou qui a occasionné des déboursés.

DIVIDENDE. Répartition des bénéfices d'une compagnie de commerce aux actionnaires qui y sont intéressés, — ou de l'actif d'un failli entre ses créanciers.

ENCAISSER. Recevoir le montant d'une traite, d'un billet, etc., contre la remise de cet effet à celui qui en acquitte la valeur.

ESCOMPTE. Diminution sur le montant d'une facture, d'un effet ou d'une obligation quelconque payée avant le terme.

EXTOURNE, EXTOURNER. Annuler un article qui a été passé par erreur au Journal et au Grand-Livre.

EXTRAIT. Copie d'un compte que l'on envoie à un correspondant.

FAILLITE. Espèce de banqueroute. « Tout commerçant qui cesse ses payements est en état de faillite. » (Code de comm., liv. III, art. 437.)

FONDS. Somme d'argent que les négociants mettent dans leur commerce.

FONDS PUBLICS. Valeurs, papiers de crédit que le gouvernement met en circulation, et qui se négocient dans le commerce.

LIVRAISON. Envoi, fourniture de marchandises à quelqu'un, soit à son compte, soit en dépôt.

MARQUE. Caractères distinctifs que l'on écrit sur des étiquettes attachées à des marchandises pour indiquer le prix et la fabrique d'où elles sortent. On se sert ordinairement de lettres pour désigner les chiffres qui indiquent le prix; et l'on choisit pour cela un mot de dix lettres dont aucune ne s'y trouve deux fois. Exemple : Greifswald, Ondripalus, etc. La première lettre du mot signifie 1, la seconde 2, et ainsi de suite.

NÉGOCIATION. Transport d'un effet à quelqu'un contre la valeur y énoncée.

NÉGOCIER. C'est céder soit au pair, soit avec profit ou avec perte, un effet à quelqu'un qui en paye la valeur.

ORDRE. Stipulation dans un effet en vertu de laquelle on a le droit de céder cet effet à une autre personne. — Commande de marchandises.

OUVRIR UN COMPTE. C'est inscrire le nom de quelqu'un en tête d'un folio au Grand-Livre et y passer le premier article.

PASSIF. Opposé à Actif; on entend par ce mot le total de toutes les dettes d'un négociant.

PRINCIPAL. Somme portant intérêt. — Premier fonds que les associés d'une entreprise ont mis dans la Société.

PRIX COURANT. Liste contenant les noms et les prix des marchandises.

PRORATA. Proportion. Partager un bénéfice au prorata veut dire à proportion de l'intérêt que l'on a dans une entreprise.

PROVISION. Voy. *Couverture.*

RABAIS. Diminution de valeur sur une facture ou sur le prix d'une marchandise.

RÈGLEMENT. Payement en billet, lettre de change ou espèces.

RELIQUAT. Ce qui reste dû d'après l'arrêté d'un compte.

REMISE. Lettres de change qu'un négociant remet à un autre. — Commission qu'on paye sur une vente.

RESCONTRER. Compensation d'une somme contre une autre. Cette opération s'annonce par correspondance en ces termes : « Veuillez, s. v. p., rescontrer les fr. 2,500 que je vous dois, avec les effets de fr. 2,000 et 500 que j'ai sur vous. »

RETORNÉ. Se dit d'un article porté pour un autre à un compte au Grand-Livre.

SANS FRAIS. Stipulation sur un effet qui dispense le porteur de faire faire le protêt si le tiré ou le souscripteur refuse l'acceptation ou le payement.

SOLDE. Différence entre le débit et le crédit d'un compte.

SOLDER. Acquitter une somme ou payer le prix d'un objet. — Liquider un compte au Grand-Livre.

SOLIDAIRE. Engagement de plusieurs personnes de payer l'une pour l'autre une somme due.

SOUFFRANCE. En suspens. On appelle articles en souffrance ceux qui ne sont pas assez justifiés pour être alloués, et sur lesquels on veut, avant de les annuler, recueillir de nouveaux renseignements. — Effet en souffrance, est un effet impayé ou protesté non remboursé.

VALEUR. Effets qu'on donne en payement. — Époque à laquelle commencent les intérêts d'une somme. On dit : Je vous en crédite valeur 25 avril, c'est-à-dire : La somme dont il est question portera intérêt à partir du 25 avril.

ACTES COMMERCIAUX

REÇUS

1. On appelle *Reçu* ou *Quittance* un écrit par lequel on reconnaît avoir reçu une somme d'argent ou quelque autre valeur.

2. Un reçu doit contenir :

1° le nom du payeur;

2° la somme (en lettres et en chiffres) ou l'indication des objets reçus;

3° le motif du payement ou de la livraison;

4° le nom de la localité et la date;

5° la signature de celui qui reçoit.

3. Reçu d'un payement à valoir.

Reçu de monsieur L. RENIER, de cette ville, la somme de deux mille francs. Valeur en compte.

—————————
Fr. 2000. »
—————————

Paris, le...

F. G. SIMON.

4. Reçu d'un payement pour solde.

Reçu de monsieur F. BERNARD, de Versailles, la somme de cinq cents francs, pour solde de ma facture du 25 mars dernier (1).

—————————
Fr. 500. »
—————————

Paris, le ..

C. DELLOYE.

5. Reçu d'un payement pour le compte d'un tiers.

Reçu de monsieur P. GERVAIS, de Sceaux, la somme de mille francs, pour le compte et au crédit de monsieur C. LAUMIER, à Nantes.

—————————
Fr. 1000. »
—————————

Paris, le...

V. ROLLIN.

—————————————————————
(1) Si le payement forme le solde d'un compte, on ajoute : *Et de tout compte à ce jour.*

6. Reçu d'une remise d'effets.

Reçu de monsieur C. OSCAR, de cette ville, la somme de douze cents francs, en trois effets, détaillés ci-dessous. Valeur en compte, sauf bonne fin (1).

Paris, le...

C. GERVAIS.

BORDEREAU

Lyon, vue.......... fr.	500. »
Bordeaux, 25 Ct....	300. »
Nantes, 30 Ct......	400. »
fr.	1,200. »

7. Reçu d'une livraison de marchandises.

Reçu de messieurs L. ALCAN et Cie, de cette ville, deux ballots laine pesant ensemble cinq cents kilos, sauf vérification (2). Valeur en compte.

Paris, le...

C. PHILIPPE.

8. Exercices.

Qu'est-ce qu'un reçu? Que doit-il contenir? Quelle réserve exprime-t-on dans un reçu contre des effets? Que doit-on faire avant de donner un reçu contre des marchandises?

---

(1) *Sauf bonne fin*, ou *sous réserve de rentrée*, ou *sous toutes les réserves d'usage*, signifie que le montant de ces effets est porté en compte, à condition que les effets seront payés à leur échéance, autrement ils seront retournés à C. Oscar, et son compte en sera débité.

Si le correspondant qui nous remet des effets doit en payer l'escompte, on ajoute : *Et sous déduction de l'escompte.*

(2) Lorsqu'un négociant en gros livre des marchandises à un commerçant qui demeure dans la même ville que lui, il se fait donner un reçu de sa livraison. Si ce commerçant n'a pas eu le temps de vérifier les marchandises au moment où il les a reçues (ce qui devrait cependant se faire toujours), il se réserve le droit de les vérifier plus tard et de présenter ses réclamations s'il y a lieu. C'est pour cela qu'il écrit : *Sauf vérification.*

Faites les reçus ci-après : M. Marchal vous paye f. 3,000 » valeur en compte. — M. Brun vous verse f. 6,500 » pour le compte de C. Lavigne à Marseille. — M. F. Flobert vous remet ces 3 effets valeur en compte : Metz, 30 avril f. 1,200. » Nantes, 15 mai f. 1,850 » et Paris, 31 mai f. 2,000. — M. L. Vincent vous livre 2 ballots café pesant ensemble 800 kilogrammes.

LETTRES DE VOITURE

9. On appelle lettre de voiture un écrit que les commerçants donnent aux voituriers en les chargeant de leurs marchandises. Suivant le Code de comm., liv. I, tit. VI, 101 et 102, c'est un contrat entre l'expéditeur et le voiturier qui doit contenir ce qui suit :

1° La date de l'expédition ;

2° La nature et le poids ou la contenance des objets à transporter ;

3° Le délai dans lequel le transport doit être effectué ;

4° Le nom de celui à qui la marchandise est adressée ;

5° Le nom et le domicile du voiturier ;

6° Le prix de la voiture ;

7° L'indemnité due pour cause de retard ;

8° La signature de l'expéditeur ;

9° Les marques et numéros des objets à transporter.

Les lettres de voiture doivent être timbrées.

10. Modèle d'une lettre de voiture.

Paris, le...

Par monsieur Hubert, voiturier à Paris, rue Tiquetonne, n° 23, vous recevrez les marchandises détaillées ci-dessous, pesant brut deux mille deux cent dix-neuf kilogr., pour vous être rendues à domicile bien conditionnées, en six jours, sous peine de perdre le tiers du prix de la voiture, que vous lui payerez à raison de quatre francs les cent kilogrammes.

Charles Joulin.

MARQUES	N°ˢ	NOMBRE	COLIS	POIDS	CONTENU
C. J.	321/24	4	Ballots.	2219	Drap.

À Monsieur P. Laurent,
à Metz.

11. La forme des lettres de voiture varie suivant les maisons de commerce. On se sert ordinairement de formules imprimées dans lesquelles on remplit ce qui est accidentel.

12. Si la marchandise a été expédiée contre remboursement, c'est-à-dire si le voiturier en la chargeant en a payé le montant sous condition de se le faire rembourser à son tour par le destinataire, cette somme doit être indiquée dans la lettre de voiture. Dans ce cas on ajoute après le prix de la voiture : *Et lui rembourserez.....* francs..... p.

13. Certaines maisons de roulage et administrations

de chemin de fer fournissent elles-mêmes les lettres de voiture (contre remboursement du timbre, bien entendu) et se contentent d'une note de remise de l'expéditeur.

14. Modèle d'une note de remise ou d'expédition.

Paris, le...

Remis au chemin de fer de Paris à Orléans, pour être expédié par grande vitesse à Monsieur C. Dupont, à Orléans (Loiret).

MARQUES ET NUMÉROS	COLIS	DÉSIGNATION ET CONTENU	POIDS	OBSERVATIONS
F. L. No 37	1	Ballot cotonnade.	156	

F. Laurent,
36, rue des Jeûneurs.

15. Exercices.

Qu'est-ce qu'une lettre de voiture? Que doit-elle contenir? La forme de cet acte est-elle la même dans toutes les maisons de commerce? Qu'est-ce qu'une note d'expédition et en quoi diffère-t-elle de la lettre de voiture?

Faites les lettres de voiture ci-après : Vous expédiez à M. L. Gueroult à Armentières, 4 pièces vin de Bordeaux I. S. nos 435 à 438 pesant 1,030 kos, par le voiturier Grandjean; temps de livraison, huit jours; prix de la voiture fr. 5 25 les cent kos. — Vous expédiez à F. Richard à Nancy, par le chemin de fer de l'Est, une caisse articles de Paris, marqué L. Z. no 86, pesant 125 kos. (Le chemin de fer ayant son tarif, il est inutile de fixer le prix du transport, il faut seulement noter si l'expédition doit se faire par grande ou petite vitesse.)

NOTES

16. Une note est un écrit dans lequel on spécifie la quantité, la qualité, le prix et le montant de marchandises vendues au détail.

17. Une note doit contenir :

1° Le nom et l'adresse du commerçant ;

2° Le nom de l'acheteur ;

3° La date de la livraison ;

4° La désignation des marchandises, la mesure ou le poids, le prix et la somme ;

- 5° Le folio du livre de caisse ou de la Main-Courante où l'article a été inscrit.

18. Modèle d'une note.

Fo 6.   Paris, le...

Monsieur N. ADAM, 32, rue Taranne, Doit

à Ch. BRUNET, 25, rue des Saint-Pères :

2	»	Drap noir......................	18	»	30	»
4	»	— vert russe................	16	50	66	»
					96	»
		Pour acquit, Ch. Brunet.				

19. Exercices.

Qu'est-ce qu'une note? Que doit-elle contenir?

Faites les notes ci-après : Vous vendez à M. Vallet 15 m. mérinos noir à fr. 3. », 10 m. jaconas à fr. 1.10, et 5 m. orléans à 4 fr. — Vous vendez à L. Lemercier un châle tapis fr. 450. », un crêpe de Chine fr. 120. »,

---

FACTURES

20. Une facture est un relevé, une liste de marchandises expédiées à un correspondant.

21. Elle doit contenir ce qui suit :

1° Le nom du lieu et la date de l'expédition;

2° Le nom et l'adresse de l'expéditeur;

3° Le nom et l'adresse du destinataire;

4° L'indication par quel ordre, aux risques et périls et pour le compte de qui l'expédition est faite;

5° L'indication du mode de l'expédition, ainsi que du prix de transport et de l'époque de la livraison;

6° La désignation des marchandises, le prix et la valeur;

7° Les folios des livres où la facture a été inscrite;

8° Les conditions du règlement.

22. La facture diffère de la note par l'addition des articles 4, 5 et 8.

23. La forme des factures présente, dans les diverses maisons de commerce, une grande variété, et les articles 4 et 5 y sont le plus souvent omis ou incomplets,

24. Modèles de factures.

Fº M. C. 37.
L. de M. 18.   Beaune, le...

Monsieur A. TOUSSAINT, à Stenay, Doit
à Charles PASQUIER.

Pour les marchandises ci-après, payables dans Beaune, à trois mois ou 5 %, expédiées suivant ses ordres du 8 cour', à ses frais, risques et périls, par M. F. Nicolas, voiturier de Beaune, en huit jours, à raison de fr. 2.50 les 100 kᵒˢ.

Nᵒˢ 540	40	»	Drap noir.............	10	»	400	»
541	32	»	— vert russe.........	12	50	400	»
542	36	»	— brun.............	11	»	396	»
			Emballage....	.. .	....	6	»
						1202	»

Fº M. C. 80.
L. de M. 26.   Paris, le...

Doivent Messieurs MASSELIN et Cⁱᵉ, à Troyes,
à A. L. PICARD, 102, rue de Rivoli.

Pour les marchandises ci-après, payables dans Paris, à trois mois ou 5 %, expédiées suivant leur ordre du 4 cour', à leurs frais, risques et périls, par le chemin de fer de l'Est.

P. Nᵒˢ 127 à 130	800	Kᵒˢ café Martinique...	2	20	1760	»
P. Nᵒˢ 131 à 136	1200	— Haïti........	2	10	2520	»
		Emballage., ...	....	....	20	»
		Commission 1/2 % (1).	....	....	21	45
					4321	45

(1) Si l'expédition est faite par l'intermédiaire d'un commissionnaire, celui-ci prélève une commission sur le montant de la facture.

25. Exercices.

Qu'est-ce qu'une facture? Que doit-elle contenir? Quelle différence y a-t-il entre une note et une facture? Rédige-t-on les factures partout de la même manière?

Faites la facture ci-après : Vous expédiez à M. Kahn à Strasbourg, suivant son ordre du 25 du mois dernier et par chemin de fer, 1,500 k^{os} sucre indigène à fr. 78 », 2,000 k^{os} sucre Martinique à fr. 110, emballage fr. 10 » payable comptant sans escompte.

LETTRES DE CHANGE

26. Une lettre de change, une traite, un effet ou un mandat, est un écrit par lequel un banquier ou un négociant charge son correspondant dans une autre localité de payer à un tiers, ou à son ordre, une somme dont celui-ci a fourni la valeur.

27. Il y a donc trois sortes de personnes qui interviennent dans la lettre de change :

1° Le tireur qui fournit et signe la lettre;

2° Le preneur au profit de qui la lettre a été écrite;

3° Le tiré qui doit acquitter la lettre.

Ces trois personnes sont indiquées dans le modèle ci-dessous n° 29. — Nous verrons plus loin (n° 36) que d'autres personnes peuvent encore intervenir dans la lettre de change.

28. D'après le Code de comm., liv. I, tit. VIII, § 110,

ıa lettre de change est tirée d'un lieu sur un autre et rédigée de la manière suivante :

1° Elle est datée et elle énonce :

2° La somme à payer (en chiffres et en lettres);

3° Le nom de celui qui doit payer (le tiré);

4° L'échéance (époque à laquelle le payement doit s'effectuer);

5° Le lieu du payement;

6° La valeur fournie en espèces, en marchandises, en compte ou de toute autre manière;

7° Elle est à l'ordre d'un tiers, ou à l'ordre du tireur lui-même;

8° Si elle est par 1re, 2e, 3e, etc., elle l'exprime.

Les lettres de change sont écrites sur papier timbré. Le timbre est déterminé par le montant de la lettre dans les proportions suivantes :

Pour un effet de	1 à	100 francs on prend un timbre de		5
—	101 à	200	—	—	10
—	201 à	300	—	—	15
—	301 à	400	—	—	20
—	401 à	500	—	—	25
—	501 à	1000	—	—	30
—	1001 à	2000	—	—	1 »

et ainsi de suite, toujours 50 cent. de plus pour 1,000 fr. ou fraction de 1,000 fr.

La loi sur le timbre s'étend aussi aux effets créés à l'étranger et négociés ou acquittés en France. Pour faciliter le visa du timbre de ce genre d'effets, le gouvernement a créé des timbres mobiles, semblables aux timbres-poste, que l'on colle au dos de l'effet après le dernier endossement et sur lequel on écrit immédiatement la date et la signature. Ce n'est qu'au-dessous de ce timbre qu'on appose son propre endossement (n° 34) ou l'acquit (n° 44). (Loi du 11 juin 1859 et du 18 janvier 1861.)

29. Modèle d'une lettre de change.

Paris, le...   B. P. Fr. 1000. »

Au trente juin prochain veuillez payer contre ce mandat à l'ordre de monsieur C. Philibert (2) la somme de mille francs. Valeur en compte et que passerez suivant avis de

J. Robert (1).

A monsieur Charles Maurice (3),
  à Montpellier.

30. Exercices.

Qu'est-ce qu'une lettre de change et par quels autres noms la désigne-t-on encore? Combien de personnes interviennent dans une lettre de change au moment de sa création? Que doit contenir une lettre de change? Quelle est la loi sur le timbre?

Faites une lettre de change sur F. Cordier, à Rouen, de fr. 2,500 » au quinze novembre, ordre de M. Gallois, valeur en compte.

31. Échéance.

L'échéance d'une lettre de change (le terme du payement) peut être fixé comme suit :

Une lettre de change peut être tirée à vue (présentation); à un ou plusieurs jours; à un ou plusieurs mois; à une ou plusieurs usances de vue; à un ou plusieurs jours, à un ou plusieurs mois, à une ou plusieurs usances de date; à jour fixe (jour déterminé), en foire.

La lettre de change *à vue* est payable à sa présentation.

L'échéance d'un effet à un ou plusieurs jours, mois ou usances *de vue*, est fixée par la date de l'acceptation.

On appelle *acceptation* l'engagement à payer une lettre de change; elle se fait ainsi : Au moment où l'on présente la lettre au tiré, celui-ci écrit, soit au travers l'effet, soit entre son adresse et la signature du tireur : « *Accepté pour* (la somme); la date et sa signature. » (Code de com., liv. I, tit. VIII, 122).

On peut faire accepter toutes les traites, sauf celles qui portent la stipulation : *Non acceptable.* Le but de cette mesure est généralement celui-ci : Une traite acceptée ayant la même validité qu'un billet (n° 54), on se sert de ce moyen vis-à-vis de certains débiteurs douteux pour les engager au payement.

L'*usance* est de 30 jours, qui courent du lendemain de la date de l'effet.

Un effet payable *en foire* est échu la veille du jour de la clôture de la foire, ou le jour de la foire, si elle ne dure qu'un jour.

Si l'échéance d'un effet est à un jour férié légal (un dimanche, etc.), il est payable la veille. (Code de comm., liv. I, tit. VIII, 129 à 135).

22. Les termes qu'on emploie le plus fréquemment pour fixer l'échéance des effets, sont les suivants :

A vue, ou à présentation veuillez payer, etc.

A deux (ou plusieurs) jours de vue, etc.

A quinze jours, à un ou à deux mois de date, etc.

Le plus souvent on indique une date fixe, et c'est là

ce qu'il y a de mieux, car alors on n'a pas à compter les jours à partir de la date de la création ou de l'acceptation de l'effet pour en trouver l'échéance.

Au quinze ou au trente courant, au vingt mai prochain, etc.

33. Exercices.

Qu'est-ce que l'échéance d'une lettre de change? Dans quels termes peut-elle être indiquée? Qu'est-ce qui détermine l'échéance d'un effet à un ou plusieurs jours, mois ou usances de vue? Qu'est-ce que l'acceptation d'une traite et comment se fait-elle? Qu'est-ce que l'usance? Quand doit être payée une traite commençant en ces termes : A la prochaine foire de Beaucaire? Quand doit être payé un effet échu le dimanche ou à un jour de fête légale?

34. Ordre et endossement.

La stipulation : *A l'ordre de M...* confère au preneur d'un effet le droit de céder cet effet à une autre personne. Ce droit n'existerait pas pour un effet conçu en ces termes : Au premier juin prochain, payez à Monsieur Jeannin, etc.

Une traite peut être à l'ordre du tireur lui-même. Le dernier cas (auquel le tireur et le preneur se trouvent réunis en une seule et même personne) a ordinairement lieu lorsqu'un commerçant règle les comptes de ses clients débiteurs et qu'il tire sur eux pour les sommes qu'ils lui doivent, sans savoir encore à qui il remettra ses traites. Exemple :

Paris, le...   B. P. Fr. 1000. »

Au trente courant veuillez payer contre ce mandat à mon ordre ou à l'ordre de moi-même) la somme de mille francs. Valeur pour solde de ma facture du 30 juin d^{er}, et que passerez suivant avis de

C. Chauvin.

Monsieur G. Aubert,
à Rouen.

35. Si l'on crée une traite dans l'intention de la remettre à telle ou telle personne, on la fait à son ordre. Ainsi, lorsqu'un négociant demande à un banquier un mandat pour payer un créditeur dans une autre localité, il peut faire faire cette traite à l'ordre du correspondant, mais sous indication que le montant en a été versé par lui. Exemple :

Paris, le...   B. P. Fr. 2500. »

A un mois de date veuillez payer à l'ordre de monsieur C. Pascal la somme de deux mille cinq cents francs. Valeur reçue de monsieur F. Tassin (ou seulement : Valeur reçue de F. T.), et que passerez suivant avis de

Oppermann.

Monsieur H. Lafontaine,
à Charleville.

36. Si la lettre de change est négociée, d'autres personnes que celles désignées au n° 27 y interviennent, savoir :

1° L'endosseur. C'est ainsi qu'on appelle le preneur s'il transmet ses droits à un tiers par la voie de l'endossement;

2° Le porteur. Celui à qui l'endosseur a transmis ses droits. Celui-ci peut devenir endosseur à son tour en transmettant ses droits à un autre, et le nom de porteur restera à la dernière personne qui présentera la lettre au tiré.

37. La propriété d'une lettre de change se transmet donc par la voie de l'endossement.

L'endossement est une mention écrite au dos d'un effet et qui consiste en ces termes :

Payez à l'ordre de M...

Valeur reçue en espèces (ou en marchandises, ou valeur en compte, valeur pour solde).

Paris, le...

La signature.

Il est défendu d'antidater les ordres, à peine de faux.

Tous ceux qui ont signé, accepté ou endossé une lettre de change, sont tenus à la garantie solidaire envers le porteur. (Code de comm., liv. I, tit. VIII, 139 et 140).

38. Exercices.

Qu'est-ce que l'ordre? Quand fait-on les effets à l'ordre de soi-même? Quelle stipulation fait-on mettre dans un effet qu'on fait faire à l'ordre d'un tiers? Comment transmet-on les droits sur un effet à un tiers? Par quels noms désigne-t-on les personnes qui interviennent alors? Qu'est-ce que l'endossement? Que doit-il contenir? Qu'y a-t-il à observer quant à la date de l'endossement? Quel est l'engagement envers le porteur, de tous ceux qui sont intervenus dans une lettre de change.

Formulez un endossement à l'ordre de M. Caron. Valeur en compte.—Faites une traite de fr. 800, au 30 courant, ordre J. Martin, valeur reçue de P. Daniel, sur F. Valentin, à Nantes.

39. Copie de change, duplicata.

On appelle seule de change la lettre dont il n'existe qu'un seul exemplaire.

L'usage de fournir plusieurs exemplaires (duplicata) d'une lettre de change, a pour objet soit de procurer un nouveau titre au porteur, dans le cas où il viendrait à perdre le premier exemplaire, soit de faciliter les négociations, puisqu'en même temps qu'on envoie un exemplaire à l'acceptation, on peut négocier l'autre. Dans ce cas l'exemplaire négocié doit porter les indications suivantes : 1° Que l'exemplaire accepté n'est pas payé; 2° Le domicile où il se trouve, car le porteur doit présenter les deux exemplaires pour exiger le payement.

Une troisième de change ne devient nécessaire qu'en cas où une première ou une seconde aurait été perdue. Une quatrième de change, qui ne pourrait avoir d'autre but que de remplacer deux exemplaires perdus des trois qui l'auront précédée, est une chose excessivement rare.

Quelquefois on se sert de copies au lieu de duplicata.

Les duplicata et les copies doivent être conformes à l'original. Exemple :

40. PREMIÈRE.

Paris, le...   B. P. Fr. 20,000. »

À deux mois de date, veuillez payer, par cette première de change (la seconde ne l'étant pas), à l'ordre de Messieurs Th. HARRY et Cⁱᵉ, la somme de vingt mille francs. Valeur en compte et que passerez sans avis de

S. MAURICE.

Monsieur DURAND,
   à New-York.
La seconde est chez M. MAURY.

SECONDE.

Paris, le...   B. P. Fr. 20,000. »

A deux mois de date, veuillez payer, par cette seconde de change, à l'ordre de Messieurs TH. HARRY et Cⁱᵉ, la somme de vingt mille francs. Valeur en compte et que passerez sans avis de

S. MAURICE.

Monsieur DURAND,
     à New-York.

41. Exercices.

Qu'appelle-t-on seule de change? Qu'est-ce qu'un duplicata de lettre de change? Dans quel cas s'en sert-on? Quelles indications doit contenir un effet dont on crée un duplicata? Quelle formalité y a-t-il à remplir pour exiger le payement d'une traite dont il existe un duplicata?

Faites une première et une seconde tirées par J. Knox, à New-York, sur L. Monnier à Lyon, à 3 mois de date, de fr. 8,000 ». Valeur en compte et suivant avis. La seconde se trouve entre les mains de M. Poix.

42. Aval, besoin, acquit, protêt.

Le payement d'un effet, indépendamment de l'acceptation et de l'endossement, peut être garanti par un aval. Cette garantie est fournie par un tiers sur lui-même ou par acte séparé. (Code de comm., liv. I, tit. VIII, 141 et 142).

Sur la lettre même, cette garantie s'exprime en ces mots : « Pour aval. F. Drouard. »

43. Lorsqu'on négocie un effet et qu'on désire que le preneur en reçoive absolument le montant à l'échéance, sans être sûr si le tiré payera, on indique l'adresse d'un correspondant en ces termes : « Au besoin chez M. Denis. — J. S. (Initiales de son nom). »

Une lettre de change protestée peut être payée par tout intervenant pour le tireur ou pour l'un des endosseurs. (Code de comm., liv. I, tit. VIII, 158); ce qu'on appelle payement par intervention.

44. Le porteur d'une lettre de change doit en exiger le payement le jour de son échéance. (Code de comm., liv. I, tit. VIII, 161.)

Pour exiger le payement, il faut que la lettre contienne l'acquit du porteur :

> Pour acquit.
>
> Ch. Bourdillon.

45. Si le tiré refuse l'acceptation ou le payement d'un effet, ce refus doit être constaté par un acte que l'on nomme protêt (faute d'acceptation ou faute de payement).

Le protêt faute de payement doit être fait le lendemain du jour de l'échéance. Si ce jour est un jour férié légal, le protêt est fait le jour suivant. Si le porteur exerce le recours individuellement contre son cédant, il doit lui faire notifier le protêt, et, à défaut de remboursement, le faire citer en jugement dans les quinze jours qui suivent la date du protêt, si le cédant réside dans la distance de cinq myriamètres. Ce délai, à l'égard du cédant domicilié à plus de cinq myriamètres de l'endroit où la lettre de change était payable, sera augmenté d'un jour par deux myriamètres et demi excédant les cinq myriamètres. (Code de comm., liv. I, tit. VIII, 162 à 165.)

46. Le porteur d'une lettre de change est dispensé de la faire protester en cas de non-payement, si le dernier endosseur a mis à côté de sa signature la stipulation : *Sans frais*, ou *Retour sans frais*. Souvent on y ajoute ces mots : *Motif de refus* ou *Refus motivé*, et alors le porteur écrit au dos de l'effet ce que le tiré a répondu en en refusant le payement.

Si le tireur a mis lui-même la stipulation *sans frais*, tous les endosseurs doivent la répéter, autrement ils auraient à supporter, le cas échéant, les frais du protêt.

47. Exercices.

Qu'appelle-t-on aval, besoin, protêt? Comment formule-t-on l'aval? Comment le besoin? Pour payer un effet, qu'exige le tiré du porteur? Si le tiré refuse le payement, que fait le porteur? Combien de sortes de protêts y a-t-il? Quand doit être fait le protêt faute de payement? Que doit faire le porteur d'un effet protesté, pour exercer son recours contre le cédant? Par quel moyen le porteur d'une lettre de change peut-il être dispensé de la faire protester en cas de non-payement? Qu'y a-t-il à observer dans ce cas?

48. Retraite, compte de retour.

Le porteur d'un effet protesté, s'il ne peut se faire rembourser dans le lieu même où la lettre de change était payable, a le droit de faire une nouvelle lettre, soit à vue, soit à terme, sur son cédant ou sur tout autre endosseur, ou bien sur le tireur lui-même, à son choix. Cette lettre se nomme *retraite*.

49. La retraite est accompagnée d'un compte de retour qui comprend :

1° Le principal de l'effet protesté;

2° Les frais de protêt et autres frais légitimes, tels que commission de banque, courtage, timbre et ports de lettres;

3° Il énonce le nom de celui sur qui la retraite est faite et le prix du change auquel elle est négociée;

4° Il est certifié par un agent de change ou par deux commerçants;

5° Il est accompagné de la lettre de change protestée, du protêt, ou d'une expédition de l'acte du protêt. (Code de comm., liv. I, tit. VIII, 180 et 181).

50. Modèle d'un compte de retour.

Doit M. Clerc, à Reims, pour retour à protêt, faute de payement pour l'honneur de sa signature; à un effet de cinq cents francs du 30 juin à l'échéance du 31 juillet o/ Martin.

Principal.......................... Fr.	500 »
Protêt..............................	4.75
Change 1/4........................	1.25
Commission 1/4...................	1.25
Intérêts au 31 août...............	2.50
Timbre............................	» 50
Ports de lettres...................	1 »
Total..... Fr.	511.25

Certifié véritable. Paris, le...

(*Signature.*)

51. Modèle d'une retraite.

Paris, le...   B. P. Fr. 511.25

A présentation, veuillez payer contre cette retraite à mon ordre la somme de cinq cent onze francs vingt-cinq centimes. Valeur pour solde de votre traite du 30 juin dernier, protêt et frais, le tout ci-annexé.

J. Toussaint.

A Monsieur Clerc, négociant,
    à Reims.

52. Pour éviter des frais, les banquiers et négociants recommandent ordinairement à leurs correspondants d'ajouter au montant des effets protestés les frais de protêt et les ports de lettres sans faire des comptes de retour. Cette recommandation se fait ordinairement en ces mots ajoutés à la signature du tireur ou de l'endosseur : *Sans compte de retour* ou *Protêt simple*.

53. Exercices.

Qu'est-ce qu'une retraite? Qu'appelle-t-on un compte de retour? Que doit-il contenir? Par quelle recommandation évite-t-on les comptes de retour?

Faites un compte de retour et une retraite sur M. Leclerc, à Marseille, pour un effet protesté de fr. 2,000.

BILLETS

54. Un billet est un effet par lequel la personne qui le souscrit s'oblige à payer à une autre personne, ou à son ordre, une certaine somme à une époque déterminée.

55. Le billet à ordre est daté. Il énonce :

1° L'époque à laquelle le payement doit s'effectuer (l'échéance) ;

2° Le nom de celui à l'ordre de qui il est souscrit (du preneur) ;

3° La somme à payer ;

4° La valeur qui a été fournie en espèces, en marchandises, en compte, ou de toute autre manière ;

5° L'adresse du souscripteur.

56. Le billet se distingue de la traite en ce qu'il n'y a que deux sortes de personnes qui y interviennent :

1° Le souscripteur (qui réunit ici les qualités de tireur et de tiré);

2° Le preneur. (Voyez n° 27.)

Ainsi, le billet est une promesse de payement, un engagement; la traite est une lettre par laquelle on nous prie de payer à un tiers.

57. Toutes les dispositions relatives aux lettres de change et concernant l'échéance, l'endossement, la solidarité, l'aval, le payement, le payement par intervention, le protêt, les devoirs et droits du porteur, le rechange ou les intérêts sont applicables aux billets à ordre. (Code de comm., liv. I, tit. VIII, 187 et 188.)

58. Il y a aussi des billets qui ne sont pas à ordre. Ce ne sont pas des effets négociables, et ils peuvent être créés par toutes les personnes qui contractent une dette envers une autre. Ce sont de véritables actes sous seing privé, des reconnaissances de prêt d'argent.

59. Il me reste à dire un mot du prolongement. Si le souscripteur d'un billet ne peut pas payer le montant à l'échéance, et que le preneur se décide à reculer l'échéance de l'effet au lieu d'en demander un nouveau, il fait écrire par le souscripteur sur le billet :

Prolongé jusqu'au vingt-cinq octobre prochain.

E. Chavannes.

60. Modèle d'un billet à ordre.

Paris, le...   B. P. Fr. 2,500. »

Au trente et un janvier, je payerai à Monsieur L. LEGROS, ou à son ordre, la somme de deux mille cinq cents francs. Valeur reçue en marchandises.

       Bon pour deux mille cinq cents francs.

           J. LAPOINTE,
           80, rue du Tournon.

61. Exercices.

Qu'est-ce qu'un billet à ordre? Que doit-il contenir? Quelle différence y a-t-il entre un billet et une traite? Qu'est-ce qu'un billet qui n'est pas à ordre? Quelle différence y a-t-il entre ces deux espèces de billets?

Faites un billet à l'ordre de M. Toussaint, de fr. 4,000, au 30 juin, valeur reçue en espèces.

———

PROCURATIONS

62. Une procuration est un pouvoir qu'un commerçant donne, soit à son employé, soit à un correspondant, pour le charger d'agir en son nom comme il pourrait le faire lui-même.

Deux personnes interviennent dans un pouvoir :

1° Le commettant, celui qui donne pouvoir à un autre ;

2° Le mandataire ou le fondé de pouvoir, celui qui se charge de représenter le commettant.

On distingue deux sortes de procurations, savoir :

1° Procuration spéciale ou particulière pour recevoir des valeurs, représenter un créancier dans une faillite, etc. ;

2° Procuration générale qu'un commerçant donne à son employé pour gérer les affaires de son commerce.

63. Une procuration doit contenir :

1° Le nom du mandataire ;

2° Le motif de la procuration ;

3° La promesse d'accepter ce que le mandataire fera ;

4° La date et la signature du commettant.

64. Modèle d'une procuration générale.

Je soussigné donne par le présent à M. Th. Fournier pouvoir de faire pour moi, et en mon nom, les achats et ventes, recettes et envois de toutes marchandises de mon commerce, d'en régler et recevoir le montant, et d'en donner quittance ; de faire les recettes et payements d'espèces ; de recevoir, d'endosser et de remettre lettres de change, billets et mandats ; de recevoir et de remettre tous comptes courants, d'en recevoir et payer le montant, et d'en donner et retirer acquit ou décharge à mon compte ; de toutes lesquelle opérations il sera tenu de tenir écritures et de me rendre raison.

Fait à Paris, le...

Félix Lecomte.

65. Modèle d'un pouvoir pour représenter à une faillite.

(Ce pouvoir doit être sur timbre de 35 centimes ; la signature doit être légalisée.)

POUVOIR   (PRÉNOMS)   (NOMS)

POUR   (PROFESSION)

Représenter à une faillite.   Soussigné

demeurant à   rue   n°

donne pouvoir à M

demeurant à Paris, rue

de   représenter à la faillite d   sieur

En conséquence, requérir toutes appositions, reconnaissances et levées de scellés ; procéder à tous inventaires et récolements ; et faire en procédant, tous dires, réquisitions et réserves ; demander la nomination de tous syndics provisoires ou définitifs, présenter à cet effet toutes requêtes, et faire tous dires et observations ; faire vérifier ma créance, en AFFIRMER LA SINCÉRITÉ, COMME JE L'AFFIRME PAR CE PRÉSENT POUVOIR ; vérifier, admettre ou rejeter tous titres produits par les autres créanciers ; se faire rendre compte de l'état de ladite faillite ; prendre part à toutes délibérations ; consentir toutes remises, accorder termes et délais ; traiter, transiger, composer ; à cet effet, signer tous actes, tous concordats ou arrangements particuliers ; s'y opposer, même par les voies extraordinaires ; remettre ou retirer tous titres et pièces : TOUCHER TOUT DIVIDENDE, EN DONNER QUITTANCE ; substituer tout ou partie des présentes ; et généralement faire tout ce qui sera nécessaire, quoique non prévu en ces présentes : promettant l'avouer.

(Le signataire doit mettre de sa main BON POUR POUVOIR *et la date.)*

FAIT A

Certifié le présent Pouvoir sincère et véritable par le mandataire soussigné.

A Paris, le

66. Exercices.

Qu'est-ce qu'une procuration? que doit-elle contenir? Combien de sortes de procurations y a-t-il? Comment nomme-t-on celui qui donne une procuration? Comment celui qu'on charge d'un pouvoir?

Faites un pouvoir pour vous faire représenter à la faillite du sieur Bernard.

CORRESPONDANCE COMMERCIALE

RÈGLES GÉNÉRALES

67. On appelle correspondance l'entretien par lettres avec des personnes absentes.

68. La correspondance commerciale exige, outre la connaissance des règles de la grammaire, certaines qualités de style, telles que la clarté, la simplicité, la concision. Une belle écriture, de l'ordre et de la liaison dans les idées, sont des conditions essentielles dans une lettre commerciale. Ces qualités peuvent s'acquérir en lisant attentivement et en copiant des lettres bien rédigées, de bons ouvrages de connaissances commerciales, et en fréquentant des négociants capables.

69. Une lettre de commerce se divise en trois parties, savoir : 1° L'entrée; 2° le corps, et 3° la fin de la lettre.

70. L'*entrée* contient, outre le nom du lieu, la date et l'adresse du correspondant, l'accusé de réception d'une ou de plusieurs de ses lettres, ou la confirmation d'une ou plusieurs de nos lettres restées sans réponse. Si la correspondance a été interrompue pendant quelque temps, on dit un mot de la cause de cette interruption; si c'est pour la première fois qu'on écrit à une maison, on indique ordinairement de qui l'on a obtenu son adresse.

71. En tête de la lettre, sur la première ligne, vers la droite, on écrit la date, puis, deux ou trois lignes plus bas, l'adresse du correspondant. Ici il faut, tant pour observer les règles de la bienséance que pour éviter des inconvénients, bien indiquer les noms ou la raison sociale de la maison à laquelle on écrit. Ainsi, en écrivant à un négociant qui signe Guyot-Maret, on n'écrirait pas simplement M. Guyot. Ce serait également une faute que de désigner la maison Firmin Didot frères, fils et Cie, sous la raison de Firmin Didot frères ou Firmin Didot fils et Cie, etc. — Deux ou trois lignes plus bas que l'adresse commence la lettre.

72. Exemples.

Paris, le ...

Monsieur CHARLES LEDOUX,

à Bordeaux.

J'ai reçu votre honorée lettre du 8 courant...

En réponse à vos lettres des 2 et 15 courant...

Je vous confirme ma lettre du 13 novembre dernier...

J'ai l'honneur de vous accuser réception de votre honorée lettre du 31 octobre dernier, contenant fr. 1,200 pour...

Si depuis quelque temps nos relations se sont un peu ralenties, c'est...

J'ai l'honneur de connaître votre adresse par M. N... de cette ville, qui m'assure que vous tenez un grand assortiment de...

73. Le *corps* de la lettre doit suivre l'entrée d'une manière toute naturelle. Si l'on répond à une lettre, on suit successivement et dans leur ordre les différents points traités par le correspondant. Lorsque toutes les questions sont épuisées, on en vient à ses propres demandes et commissions auxquelles on peut ajouter des nouvelles qui intéressent le correspondant, etc.

74. Exemples.

J'ai l'honneur de vous expédier par le chemin de fer..., dont je vous remets facture d'autre part s'élevant à
fr... (1), dont veuillez créditer mon compte.

La marchandise dont vous m'avez annoncé l'expédition par votre lettre du... m'est bien parvenue, et j'en suis satisfait.

Sous ce pli je vous remets
fr..., suivant détail au bordereau ci-dessous, pour solde de votre facture du...
Veuillez en créditer mon compte avec accusé de réception.

J'ai retiré de votre honorée lettre du...
fr..., pour solde de ma facture du...
En balançant votre compte, sous réserve de rentrée des effets (6), je vous prie, monsieur, de m'honorer le plus tôt possible de nouvelles commandes...

J'ai l'honneur de vous informer que, pour me couvrir du montant de ma facture du..., je dispose sur vous en mon mandat de fr... ordre... au...
dans l'espoir que vous y réserverez un accueil favorable, et dans l'attente de nouvelles affaires.

____

(1) Pour faciliter l'inscription des totaux dans les registres, on place ordinairement les sommes au commencement de la ligne.

Je vous suis reconnaissant, monsieur, des offres de service que vous avez bien voulu me faire par votre honorée lettre du...

Pour faire un essai de..., je vous prie de m'expédier par...

Si cet article est réellement de bonne qualité, nos relations peuvent devenir très-fréquentes.

75. La *fin* de la lettre est consacrée aux salutations réclamées par la politesse, et conformes aux rapports qui existent entre les correspondants, et à la signature.

76. Exemples.

J'ai l'honneur de vous saluer.

Recevez, monsieur, mes salutations empressées.

Veuillez agréer, monsieur, l'assurance de ma parfaite considération.

Recevez, monsieur, l'assurance de ma considération distinguée.

Agréez, monsieur, l'expression de mes sentiments affectueux et dévoues.

Dans l'attente d'une prompte réponse, je vous prie, monsieur, de me croire votre tout dévoue.

Dans cette attente, je vous prie, monsieur, de recevoir une nouvelle et ferme assurance de ma constante affection.

Je vous suis bien reconnaissant, cher monsieur, des sentiments affectueux que vous me gardez, et je vous prie de croire, ainsi que votre famille, à mon respectueux dévouement.

77. Dans les phrases finales des lettres, il faut surtout éviter une faute qu'on y rencontre souvent. Lorsqu'une phrase commence par un participe présent ou passé exprimé ou sous-entendu, ces mots doivent être suivis de près de leurs sujets et non d'autres mots pouvant tenir lieu de ceux-ci.

N'écrivez pas : Dans cette attente, *veuillez* agréer, etc., ou Persuadé que vous serez satisfait de mon choix, re-cevez, etc. ; Écrivez :

Dans cette attente, *je* vous prie M..., d'agréer, etc. Persuadé que vous serez satisfait de mon choix, *je* vous présente, monsieur, mes civilités, etc.

78. Exercices.

Qu'entend-on par correspondance? Quelles connaissances exige la correspondance commerciale? Comment divise-t-on une lettre de commerce? Que doit contenir chacune des parties d'une lettre?

Rédigez la lettre ci-après : Par sa lettre du 3 courant, M. Lapointe, de Lyon, vous offre des soieries à fr. 4 » le mètre. Vous lui commandez 10 pièces, et vous lui dites que, si vous êtes satisfait de cet article, cet essai pourra être suivi de commandes plus importantes.

DIVISION

DES LETTRES COMMERCIALES

79. On divise les lettres commerciales en dix classes, savoir : 1° Circulaires; 2° Offres; 3° Commandes; 4° Avis; 5° Demandes de renseignements; 6° Renseignements; 7° Réclamations; 8° Réponses aux réclamations; 9° Lettres de crédit, et 10° Lettres de recommandation.

1° Circulaires.

80. Les commerçants se servent de circulaires (ordinairement imprimées) pour faire connaître l'établissement ou l'agrandissement d'une maison de commerce ou d'industrie, la formation ou la dissolution d'une société, un changement de domicile, etc., etc. Exemples :

M.

J'ai l'honneur de vous informer que je viens de fonder dans cette ville une maison de commerce de...

En vous remettant, d'autre part, mon prix-courant, j'ose espérer, monsieur, que la diversité des articles et la modicité des prix vous engageront à m'honorer de vos commandes, que j'exécuterai à votre entière satisfaction.

Agréez, monsieur, etc.

M.

J'ai l'honneur de vous informer que, par acte du..., et à dater de cette époque, je me suis adjoint M...

La Société est en nom collectif sous la raison...

J'ose espérer, M..., que vous voudrez bien accorder à la nouvelle Société la confiance dont vous avez bien voulu m'honorer.

Veuillez prendre note de nos signatures.

M

Nous avons l'honneur de vous annoncer que nous venons de former, sur cette place, une maison de banque, sous la raison sociale : A. et B.

Nos capitaux, réunis à ceux de nos commanditaires, nous assurent des moyens suffisants.

Nous vous soumettons ci-dessous nos signatures respectives, et

vous prions de recevoir, M..., l'assurance de nos sentiments dis-
tingués.
                                                          A. et B.

Notre sieur A... signera : A. et B.
Notre sieur B... signera : A. et B.

                    M

Nous avons l'honneur de vous faire part que le terme de notre
Société étant expiré, notre Sr... se retire, et notre Sr... reste seul
chargé de la liquidation.

Nous vous remercions de la confiance que vous nous avez accor-
dée, et nous vous prions de vouloir bien la continuer à notre successeur.

Agréez, M...

                    M...

J'ai l'honneur de vous informer que je reste seul propriétaire de
la maison...

Je vous prie, M..., de vouloir bien m'accorder la même confiance que vous avez témoignée à notre Société. Je m'efforcerai de
la mériter tant par la qualité et la perfection de mes produits que
par mon exactitude à satisfaire vos demandes.

Veuillez recevoir, M...

                    M.

J'ai l'avantage de vous prévenir que, pour cause d'agrandisse-
ments, mes magasins seront transférés au... rue...

Je vous informe en même temps que vous trouverez dans mes
nouveaux magasins un assortiment...

Recevez, M...

                    91. Exercices.

Comment divise-t-on la correspondance commerciale? Qu'est-ce
qu'une circulaire?

Faites les circulaires ci-après :

Annoncez : 1° La fondation d'une maison de commerce ; 2° Un changement de domicile ; 3° La formation d'une société.

2° Offres.

82. Les offres peuvent consister en propositions de marchandises ou d'affaires en société et en offres de services. Dans les deux premiers cas il faut bien préciser le prix des marchandises ou les avantages qui peuvent résulter des entreprises que l'on propose et dont on fixe les conditions. Quant aux offres de services des employés, elles doivent être conçues en des termes réservés et modestes, et contenir des indications sur ce qu'on est capable de faire, sur les emplois qu'on a déjà occupés, ainsi que les adresses des personnes qui peuvent fournir des renseignements sur notre compte.

M.

J'ai l'honneur de vous faire part que, par suite d'un achat extraordinairement avantageux de... en première qualité, je suis à même de vous fournir ces articles au prix de...

J'ose espérer, M..., que, pour la saison prochaine, vous voudrez bien m'honorer de vos commandes, auxquelles je donnerai toujours les plus grands soins.

M.

On vient de m'offrir une partie de..., que je crois très-avantageuse, au prix de...

Si vous désirez en faire l'acquisition, veuillez m'en avertir par retour du courrier, et je vous les ferai expédier immédiatement.

M.

M. C..., de v/ ville, m'offre une partie de... à fr...

Cet article étant beaucoup demandé sur notre place, je vous propose de faire cette opération en compte à demi.

Si ma proposition peut vous agréer, je vous prie, M..., de vouloir vous assurer de la bonne qualité de..., de l'acheter et de me l'expédier sans retard. J'en opérerais la vente immédiatement à fr..., au moins.

En attendant une prompte réponse, je vous prie, M..., d'agréer, etc.

M.

J'ai appris par... qu'il y a une place vacante dans votre maison, et je prends la liberté de vous offrir mes services.

J'ai... ans; j'ai appris le commerce chez M...; j'ai été employé chez M..., et je suis actuellement dans la maison de M..., que je dois quitter par suite d'une diminution du personnel...

Je connais la comptabilité en partie double; je puis me charger de la correspondance en français et en..., et par les copies ci-jointes, vous verrez, M..., que j'ai obtenu partout de bons certificats de capacité et de moralité.

Si l'offre de mes services peut vous être agréable, soyez persuadé, M..., que je justifierai la confiance dont vous aurez bien voulu m'honorer.

Dans l'attente d'une réponse favorable, je vous prie, M..., d'agréer l'assurance de ma considération distinguée.

88. Exercices.

En quoi peuvent consister les offres? Que faut-il observer dans la rédaction de ces lettres?

Écrivez les lettres ci-après :

1° Offrez des marchandises qu'un achat avantageux vous permet de donner à bon marché; 2° Faites des offres de services comme comptable à un négociant qui demande un employé dans les journaux.

3.

3° Lettres de commandes.

84. Ces lettres contiennent des demandes de marchandises ou d'autres objets. La qualité, la quantité, le prix, etc., des choses que l'on demande, doivent être précisés d'une manière claire et positive. Si l'on n'est pas suffisamment connu de la maison à laquelle on écrit, on ajoute à la commande les adresses des personnes chez qui on peut prendre des renseignements sur notre compte, ou l'on indique seulement de quelle manière on réglera la facture.

M.

J'ai appris avec plaisir par v/ circulaire du... que v/ êtes devenu le successeur de M. J. BRANTON, et je fais des vœux pour la réussite de v/ entreprise.

Pour v/ donner une preuve du désir que j'ai de voir continuer les rapports qui existent entre nous depuis que v/ avez été le représentant de M. BRANTON, je v/ prie de m'expédier par le chemin de fer, petite vitesse :

    5 pièces drap noir à fr...

    8   —   — bleu foncé à fr...

En attendant v/ avis d'expédition, je etc.

M.

J'ai l'honneur de connaître v/ adresse par M. CHARLES MOREL, de v/ ville, qui m'assure que v/ tenez un assortiment de...

Je viens donc v/ prier, monsieur, de m'envoyer par les Messageries impériales :

..... au prix le plus favorable.

Si je suis satisfait de ce premier essai, je v/ donnerai bientôt des commandes plus importantes.

M. Ch. Morel vous donnera tous les renseignements que v/ pourriez désirer sur mon compte.

Recevez, monsieur, etc.

M.

Veuillez m'expédier par le chemin de fer :

1,000 k⁰ˢ acier fondu à fr...

3,000 — fer en barres à fr...

Pour v/ couvrir du montant de v/ facture, v/ pourrez faire traite sur moi. Tout honneur sera réservé à vos dispositions.

Veuillez agréer, Monsieur, etc.

85. Exercices.

Qu'est-ce qu'une lettre de commande? Qu'y a-t-il à observer dans la rédaction de ces lettres? Que faut-il ajouter aux commandes adressées à des maisons dont on n'est pas connu?

Écrivez les lettres ci-après :

1º Commandez à M. Royer, à Elbeuf, 4 pièces de drap. Dites-lui qu'il peut prendre des renseignements sur v/ compte chez M. Lefèbre de v/ v/; 2º Commandez à M. Thomas, à Nantes, 2,000 K⁰ˢ mélasse. Qu'il dispose s/ v/ pour le montant de sa facture.

4º Lettres d'avis.

86. Ces lettres sont de nature très-diverses. On distingue avis de payements, avis de remises d'effets et de toute espèce de valeurs, avis d'expédition de marchandises, etc. La rédaction en est fort simple.

M.

J'ai l'honneur de v/ donner avis que M. J. Lenoir, de v/ v/, m'a versé pour v/ compte fr. 1,500. » dont je v/ ai crédité.

Veuillez agréer, M...

M

D'après l'ordre que me portait v/ lettre du..., je v/ envoie par les Messageries impériales...

Ci-contre vous trouverez ma facture montant à fr. 625. » dont v/ voudrez bien me créditer.

J'espère que v/ serez satisfait de cet envoi, et qu'il v/ engagera à me faire des demandes plus importantes. Je suis à même de remplir très-promptement toutes celles dont v/ voudrez bien m'honorer.

Agréez, etc.

M

J'ai l'honneur de v/ donner avis de mon expédition de ce jour de.. ... k⁰ˢ houblon à... fr..., dont veuillez reconnaître mon compte.

Il y a en ce moment peu de houblon sur place; les besoins se font sentir, et tout fait croire à une hausse prochaine. Je v/ engage donc, dans v/ intérêt, à prendre toute la partie de mon houblon... qui se compose de...

Recevez, etc.

M.

Vous recevrez par le même courrier une boîte contenant un assortiment de broderies que v/ m'avez demandé par v/ lettre du..., et dont voici la facture s'élevant à...
fr. 275.50, pour laquelle somme je dispose sur v/ en mon mandat o/ B. Hirsch au 15 mai prochain.

Dans l'espoir que v/ serez satisfait de ce choix, et que ce commencement d'affaires établira entre nous des relations suivies, je vous présente, monsieur, mes civilités distinguées.

87. Exercices.

En quoi peuvent consister les lettre d'avis?

Écrivez les avis suivants

1° Avisez M. Guibal, à Metz, d'une expédition de marchandises que v/ lui faites d'après ses ordres du.....;
2° Donnez avis à M. Gaudin, à Nantes, d'une remise de fr. 5,000, que M. Marion de c/ v/ v/ a faite pour s/ compte.

5° Demandes de renseignements.

88. Par ces lettres on prend des informations, soit sur une maison de commerce avec laquelle on veut entrer en relation, soit sur une personne à qui l'on veut donner sa confiance. Ces demandes doivent être conçues en des termes très-polis et doivent contenir la promesse de vouloir garder pour soi les renseignements qu'on nous donnera. On termine ordinairement par des remercîments à l'avance et l'offre de services réciproques.

Pour éviter l'inconvénient de faire connaître aux employés du correspondant le nom de la personne en question, on écrit ce nom sur un bulletin qu'on met dans la lettre et sur lequel le correspondant nous fait parvenir la réponse.

M.

M. Reymond de v/ v/ vient de me faire une commande assez importante. N'ayant pas l'honneur de le connaître, je vous serais bien reconnaissant, monsieur, si vous vouliez avoir la bonté de me donner, par retour du courrier, des renseignements sur sa solvabilité, son honorabilité et sa manière de traiter les affaires.

Vous pouvez compter, monsieur, sur mon entière discrétion et sur mes services réciproques en pareille ou toute autre circonstance.

Recevez déjà à l'avance mes sincères remercîments, et croyez-moi, monsieur, votre, etc.

M.

Je viens vous prier, monsieur, de vouloir bien me donner des renseignements sur la personne dont vous avez l'adresse sur le bulletin ci-inclus.

Recevez, etc.

M.

M. Laurent, de v/ maison, m'écrit que, par suite de réduction de personnel, il va se trouver sans emploi, et me demande si je ne pourrais l'occuper. Je ne serais pas éloigné de lui confier un emploi s'il possède de l'aptitude et de la bonne volonté aux travaux du bureau, et s'il est un homme de bonne conduite. Je viens donc vous prier, monsieur, de vouloir bien me faire savoir quelles sont les attributions de M. Laurent dans v/ maison, quels sont ses appointements et son âge, et s'il vous a satisfait sous le rapport de son assiduité et surtout sous celui de l'exactitude et de la probité.

Je vous prie, monsieur, d'être assuré de ma discrétion au sujet des renseignements que vous voudrez bien me donner, et d'agréer, etc.

89. Exercices.

Qu'est-ce qu'une demande de renseignements? Comment ces lettres doivent-elles être rédigées? Par quel moyen peut-on éviter que le nom de la personne sur laquelle on veut avoir des renseignements soit connu des employés de notre correspondant?

Demandez des renseignements :

1º Sur M. Albert, à Bordeaux, qui v/ a fait une commande importante sans être connu de v/; 2º Sur M. Bernard, à Lille, qui v/ demande un dépôt de vos articles.

6º Lettres de renseignements.

90. Les renseignements sur des maisons de commerce, comme sur des particuliers, doivent être rédigés avec la plus grande prudence et avec circonspection, afin que, si elles venaient à tomber entre des mains étrangères, elles ne blessent pas les personnes dont il est question, et qu'elles n'entraînent pour l'auteur aucune fâcheuse responsabilité.

L'annotation des bulletins, dont j'ai parlé dans le numéro 88, est fort simple. Les banquiers à qui l'on demande le plus souvent ces renseignements, se contentent ordinairement d'écrire au-dessous du nom en question : Bon. Mauvais. Bon, mais difficile en affaires. Paye difficilement, etc.

M.

Je m'empresse de v/ donner les renseignements que v/ me demandez par v/ h⁄ᵉ lettre du 25 cᵗ.

M. C. REYMOND est connu ici comme un homme honorable. Il jouit d'une grande considération, et ses affaires paraissent être en état de prospérité.

ou

Je n'ai pas l'honneur de connaître personnellement M. REYMOND; mais d'après ce qu'on m'en a dit, il faut être prudent vis-à-vis de lui.

Vous pouvez faire de ces renseignements l'usage qui v/ conviendra, mais sans aucune garantie de ma part.

Recevez, monsieur, etc.

M.

J'ai reçu v/ lettre...

Inclus j'ai le plaisir de v/ remettre le bulletin de renseignements annoté; veuillez en faire usage sans garantie de ma part.

Toujours à vos ordres, j'ai l'honneur, etc.

M,

Je réponds à la lettre que v/ m'avez fait l'honneur de m'écrire le...

M. Laurent doit en effet quitter ma maison où il a été employé depuis deux ans. Il a tenu la copie d'effets et quelques autres livres auxiliaires. Il est âgé de dix-huit ans, et recevait cent francs par mois d'appointements.

J'ai été satisfait de lui sous tous les rapports, et je serais bien aise qu'il pût trouver chez vous, monsieur, un emploi qui réponde à ses désirs.

Agréez, etc.

91. Exercices.

Comment doivent être rédigées les lettres de renseignements? De quelle manière sont annotés les bulletins de renseignements?

Donnez des renseignements :

1° Sur M. Albert, qui est connu comme honnête, et dont le commerce paraît être en voie de prospérité;

2° Sur M. Bernard, qui a fait précédemment de mauvaises affaires, et ne s'est pas encore libéré envers ses créanciers.

7° Lettres de réclamation.

92. Les réclamations sont de nature très-diverse, suivant qu'elles sont motivées par une expédition de marchandises, par une remise de valeurs, par un retard de payement ou par quelque autre cause. Les termes de ces lettres doivent être mesurés d'après le caractère des correspondants, et d'après les rapports dans lesquels nous nous trouvons avec eux. Mais la condition essentielle de toute réclamation est qu'elle soit fondée; il faut

donc bien s'assurer du fait avant d'écrire, car une réclamation mal fondée nous nuit presque toujours aux yeux
de notre correspondant.

Quant aux demandes de payement, on prie le bon
payeur, on est sérieux envers le négligent, on insiste au-
près du mauvais débiteur, on le menace même dans certains cas, mais on agit envers tous avec dignité et avec
politesse.

N. B. Les réclamations au sujet d'envois de marchandises consistent dans de simples exposés des faits, et demandent une connaissance pratique des objets en question, qui ne peut être enseignée
ici; je me bornerai donc à une seule lettre de ce genre.

M.

J'ai reçu le ballot moka, avisé par v/ lettre du 3 c'. L'ayant
vérifié de suite, j'ai reconnu qu'il m'est impossible de l'accepter.
Non-seulement ce café est mélangé et ne ressemble pas à l'échan-
tillon que v/ représentant m'a soumis, et d'après lequel j'ai fait ma
commande, mais il a aussi un mauvais goût, et je suis certain que
la vente de cet article serait préjudiciable à mes intérêts.

Je tiens donc ce ballot à v/ disposition, et v/ prie de le faire enle-
ver au plus tôt de mon magasin.

Veuillez agréer, M...

M

Ayant en ce moment plusieurs payements importants à faire, je
prends la liberté de vous importuner au sujet de ma dernière facture. S'il ne vous convenait pas de me remettre la totalité, vous
m'obligeriez, monsieur, en m'en faisant passer une partie.

Recevez, monsieur...

Je me trouve maintenant dans la nécessité de devenir un peu
pressant. Les bénéfices sur les marchandises que je vous ai livrées

sont tellement bornés, que le retard de vos payements m'occasionne une perte réelle. J'attends donc de suite le montant de ma facture du 30 juin échue depuis deux mois.

Agréez, M...

93. Exercices.

En quoi peuvent consister les réclamations? Comment ces lettres doivent-elles être rédigées? Quelle est la condition essentielle de toute réclamation? Comment agit-on envers les débiteurs?

Faites les lettres ci-après :

1° Écrivez à M. Charles, à Nantes, que le ballot café qu'il v/ a expédié ne pesait pas 200 k°s comme il v/ l'avait facturé, mais seulement 180 k°s.

2° Écrivez à M. Daniel, à Verdun, qu'étant occupé de v/ inventaire, v/ v/ apercevez qu'il n'a pas soldé v/ facture du..... Priez-le de vouloir v/ en remettre le montant.

8° Réponses aux réclamations.

94. Ces réponses doivent être conformes aux lettres qui les ont provoquées. La rédaction en doit annoncer de la politesse en même temps que de la dignité. Rien n'est plus ridicule qu'une réponse impolie à une juste réclamation.

M.

Votre lettre du... m'a extraordinairement surpris. Votre plainte au sujet du moka que je v/ ai expédié repose évidemment sur une erreur. C'est bien le même que celui que mon voyageur v/ a montré, et dont j'ai vendu plus de 8,000 k°s sans qu'on m'en ait adressé la moindre plainte. Plusieurs de mes clients m'en ont demandé pour la troisième ou la quatrième fois, ce qu'ils n'auraient certainement pas fait, si la marchandise avait les défauts que v/ me signalez.

Je v/ engage, monsieur, à mettre ce café en vente. Le public sera juge entre nous. Si contre mon attente on s'en plaignait, je m'engage à le reprendre.

Veuillez agréer, M...

M.

Je ne puis en aucune façon accepter vos réclamations contenues dans v/ lettre du...

Mon envoi étant en tout point conforme à v/ commande, je ne suis pas disposé à faire une diminution de prix, et encore moins à reprendre la marchandise, qui est, du reste, la même que celle que je v/ ai déjà fournie précédemment.

Recevez, M...

M.

Je suis, en effet, en retard pour le payement de v/ facture du..., mais ce n'est ni par négligence, ni par mauvaise volonté.

A cette époque de l'année les rentrées se font si difficilement, qu'il m'a été impossible de v/ régler autrement que par un billet à 2 mois. J'espère, Monsieur, que, par la suite, de nouvelles affaires compenseront la petite perte que v/ cause ce retard.

Je vous remets ci-inclus

fr. 680. » en mon billet au 30 avril, dont veuillez me créditer pour solde à ce jour.

Recevez, M...

M.

Je m'empresse de répondre à v/ h⁺ lettre du... par laquelle v/ me demandez le payement de v/ facture du...

Outre le ralentissement dans les affaires dont je me ressens beaucoup, la faillite d'un de mes clients me met dans la nécessité de v/ demander, monsieur, un délai de 3 mois pour ce payement.

Nos bonnes relations, qui datent de dix ans, et la régularité avec laquelle j'ai toujours traité les affaires, me font espérer, monsieur, que v/ m'accorderez ce délai.

Veuillez agréer, M...

95. Exercices.

Comment rédige-t-on les réponses aux réclamations?

Répondez aux lettres de l'exercice précédent : 1° L'expédition des 200 kᵒˢ café a été faite par un employé qui se sera trompé. Vous demandez pardon de cette erreur, et réduisez la facture à 180 kᵒˢ;

2° Vous aviez également perdu de vue la facture, et v/ remettez le solde par v/ lettre.

9° Lettres de crédit.

96. Une lettre de crédit est une lettre par laquelle un banquier ou un négociant prie son correspondant de verser au porteur une somme d'argent.

Cette lettre doit contenir la signature du porteur, et l'indication du maximum de la somme que le correspondant doit verser contre reçus.

M.

Je viens par la présente lettre accréditer près de vous M. Amédée Jénin, de cette ville, dont v/ avez ci-bas la signature, et v/ prier de lui remettre pour mon compte les sommes qu'il v/ demandera jusqu'à concurrence de six mille francs.

M. A. Jénin v/ signera, pour chaque versement que v/ lui ferez, un reçu en double dont veuillez me remettre un exemplaire pour en créditer v/ compte.

Recevez, M...

    Amédée Jénin.   N. N.

97. Exercices.

Qu'est-ce qu'une lettre de crédit? Que doit-elle contenir?

Écrivez une lettre de crédit adressée à M. Benoît, à Marseille, le priant de verser à M. Aubin, de votre ville, les sommes qu'il demandera jusqu'à concurrence de fr. 20,000 ».

10° Lettres de recommandation.

98. Ce sont des lettres par lesquelles un banquier ou un négociant prie son correspondant de donner au porteur les renseignements dont celui-ci peut avoir besoin.

M.

J'ai l'honneur de recommander à v/ bienveillant accueil M. Paul Maurice, négociant à P..., qui se rend dans v/ ville pour des affaires commerciales. Veuillez s. v. p. lui donner tous les renseignements dont il aura besoin sur les personnes de votre connaissance, ainsi que sur les affaires relatives à s/ commerce.

Disposez, monsieur, en pareil ou tout autre cas, de moi, et recevez à l'avance mes sincères remercîments.

Votre bien dévoué.

E. Barois.

99. Exercices.

Qu'est-ce qu'une lettre de recommandation ?

Recommandez à M. Ferdinand, au Havre, M. Gaudard de v/ v/. Priez-le de donner à celui-ci tous les renseignements dont il peut avoir besoin. Remerciez-le à l'avance, et dites-lui qu'en pareille ou toute autre circonstance, v/ êtes à ses ordres.

TENUE DES LIVRES

I

NOTIONS GÉNÉRALES

100. La tenue des livres est l'art d'inscrire sur des registres, suivant certaines règles établies par l'usage, les notes exactes des opérations que l'on fait dans l'exploitation, dans l'industrie ou dans le commerce. C'est par son moyen que les personnes qui se trouvent à la tête d'une entreprise quelconque peuvent se rendre compte chaque jour de la situation de leurs affaires, de ce qu'elles doivent et de ce qui leur est dû, de leurs bénéfices et de leurs pertes, en un mot de tout ce qu'elles possèdent.

101. La tenue des livres n'est pas une science moderne; elle est aussi ancienne que le commerce proprement dit. Du moment qu'on a commencé à faire des achats et des ventes à crédit, on a senti le besoin de la comptabilité.

Les ventes, les promesses, les obligations se passaient d'abord verbalement en présence de quelques personnes qui servaient de témoins; puis on marquait le prix dû pour les objets par des traits sur un morceau de bois semblable à ceux dont se servent chez nous les boulangers encore à présent. Mais, après l'invention de l'écriture, on établit une comptabilité consistant dès l'origine dans l'inscription, sans aucune règle, de simple notes sur un carnet, mais qui a été perfectionnée peu à peu. Les Banians de l'Inde ont connu la tenue des livres de temps immémorial. Les Romains la possédaient aussi, et c'est d'eux que les autres peuples européens l'ont apprise.

102. En France, la tenue des livres a été imposée à tout commerçant, en 1673, par le *Code Savary* ou *Code marchand*, qui a été remplacé par le *Code de Commerce* en 1807. Depuis ce moment, cette science a été l'objet de nombreux perfectionnements. Des hommes très-capables l'ont enseignée et ont puissamment contribuée à la généraliser. Malheureusement, ici comme dans toutes les branches de la science, on a bientôt dépassé les limites d'un enseignement clair et simple, et la publication des méthodes de tenue de livres est devenue un objet de spéculation.

Des nombreux auteurs qui ont traité ce sujet, les uns ont voulu donner à la tenue des livres une importance qu'elle n'a certainement pas, et ont présenté une suite d'opérations commerciales très-difficiles, qui ne se reproduiront peut-être jamais en réalité, et qui ne servent qu'à embrouiller l'esprit des lecteurs; les autres ont inventé des systèmes souvent impraticables qu'ils annonçaient sous les titres magnifiques de *Tenue des livres simplifiée* ou *Plus de journal!* ou *Plus de balances!* etc. Malgré ces soi-disant progrès, il ne reste, et aux commerçants et aux employés, qu'une chose à faire : de bien se pénétrer des principes de la comptabilité connue sous le nom de *Tenue des livres en partie double.*

Le but que je me propose ici est celui de traiter cette science d'après une méthode nouvelle, en en présentant le mécanisme d'une manière fort simple et toute naturelle, en sorte qu'une étude de très-peu de temps mettra mes lecteurs à même d'appliquer ces principes à la comptabilité de l'agriculture aussi bien qu'à celle des diverses branches du commerce et de l'industrie. N'oublions pas qu'outre ces connaissances, le comptable doit avoir de la perspicacité, de l'ordre et de la discrétion. Ce sont des qualités indispensables à tout homme qui demande à être chargé d'une tenue de livres quelconque.

103. Exercices.

Qu'est-ce que la tenue des livres? Depuis quand la tenue des livres est-elle connue? Le commerçant est-il libre de tenir une comptabilité ou non? Depuis quand la tenue des livres est-elle imposée à tout commerçant en France? Quelles sont les qualités essentielles d'un employé chargé de la tenue des livres?

II

MÉTHODES DE TENUE DE LIVRES

104. Des différentes méthodes de tenue de livres je ne signalerai que celles qui sont généralement connues sous la dénomination de *partie simple* et *partie double*. Je ne parlerai pas du système intermédiaire qu'on appelle *partie mixte*, et que suivent un certain nombre de commerçants, système vicieux, qui exige plus d'écritures que la partie simple, et n'offre nullement les avantages de la partie double.

105. La tenue des livres en partie simple n'est autre chose que la manière de dresser de simples notes. Elle exige peu d'étude et donne beaucoup moins de travail que la partie double. Un marchand qui est seul, qui n'a de comptes à rendre à personne, peut, en observant de l'ordre dans ses écritures et en faisant tous les ans un inventaire en règle, connaître parfaitement la situation de ses affaires. Mais il peut s'être glissé dans ses écritures des erreurs dont il ne soupçonne pas même l'existence et qu'il ne saurait découvrir que fort difficilement. Alors il s'expose à perdre dans la recherche de ces erreurs beaucoup plus de temps que celui qu'aurait exigé la tenue de ses livres en partie double. Quoique la partie simple ne soit presque plus pratiquée aujourd'hui, je crois pourtant devoir l'enseigner ici. Quelques exemples en donneront la clef et m'aideront ensuite à expliquer les règles de la partie double.

106. La tenue des livres en partie double est la méthode par excellence. Elle a d'immenses avantages sur la partie simple, puisqu'elle offre au négociant non-seulement un contrôle continuel de ses écritures, mais aussi le moyen de connaître chaque jour, s'il le désire, le résultat de ses opérations. Elle doit sa dénomination au principe qui consiste à faire concourir à chaque opération au moins deux comptes : l'un qui donne et l'autre qui reçoit; en d'autres termes : on oppose toujours à chaque compte débiteur un ou plusieurs comptes créditeurs, et à chaque compte créditeur un ou plusieurs comptes débiteurs.

107. Exercices.

Quelles sont les différentes méthodes de tenue de livres? Qu'est-ce que la tenue des livres en partie simple? qu'est-ce que celle en partie double? À quoi cette dernière doit-elle sa dénomination? Y a-t-il des systèmes intermédiaires? Laquelle de ces méthodes est la meilleure?

III

LIVRES DE COMMERCE

108. Suivant le Code de commerce, liv. I, § 8 et 9, tout commerçant est tenu d'avoir :

1° Un *Livre-journal*, qui présente jour par jour toutes les opérations de son commerce… indépendamment des autres livres usités dans le commerce, mais qui ne sont pas indispensables;

2° Un livre sur lequel il copie toutes les lettres qu'il écrit à ses commettants; on le désigne par le nom de *Copie de lettres*;

3° Un registre sur lequel il copie tous les ans l'inventaire de ce qu'il possède et de ce qu'il doit; on l'appelle le *Livre d'inventaires*.

En fixant à trois le nombre des livres essentiels de la comptabilité commerciale et en se rapportant à l'usage pour les registres auxiliaires qui ne sont pas indispensables, le législateur a montré de la confiance dans cet esprit d'ordre et d'exactitude qui doit être la base des affaires, et a par là même indiqué au commerçant qu'il doit avant tout se rendre compte à lui-même de ses opérations. Ce serait en effet un triste négociant que celui qui ne tiendrait ses livres que pour satisfaire à la loi. Dans le commerce, il faut du positif; en comptabilité rien n'est plus funeste que les appréciations approximatives, les *à peu près*; rien ne conduit plus sûrement à la ruine que l'ignorance et la négligence. Voyons, par conséquent, quels sont les livres dont un commerçant peut avoir besoin pour arriver au double but de satisfaire à la loi et de se rendre compte de ses affaires.

109. Le JOURNAL est le livre fondamental de toute comptabilité. Toutes les opérations doivent y être inscrites, que ce soit dans les bureaux, dans les magasins, au marché, à la Bourse, ou par correspondance, dans n'importe quelle ville que les affaires aient été traitées, il faut que tout soit noté au Journal.

110. Si toutes les opérations doivent être inscrites dans ce registre qui, suivant le Code de commerce (liv. I, § 12), *peut faire foi en justice pour faits de commerce*, tout négociant doit tendre à ce qu'il soit tenu proprement et régulièrement. Si, par un défaut d'ordre ou de connaissance, un commerçant venait à négliger ce devoir, la loi est là et lui dit : *Ce livre doit être tenu par ordre de date, sans blancs, lacunes, ni transports en marge.* (Code de commerce, liv. I, § 10.)

111. Pour éviter toute irrégularité au Journal, on inscrit d'abord les opérations sur des registres appelés LIVRES AUXILIAIRES; puis, à la fin de la journée ou le lendemain, on les transcrit au Journal proprement et suivant certaines règles consacrées par l'usage. Ces livres auxiliaires sont : le LIVRE DE CAISSE pour les opérations au comptant, et la MAIN-COURANTE pour les opérations à crédit.

112. Toutes les opérations étant inscrites jour par jour au Journal, ce livre seul pourrait, à l'aide d'une recherche minutieuse, suffire au commerçant pour connaître la situation de ses affaires ; mais pour chaque renseignement, il lui faudrait une recherche nouvelle, ce qui lui occasionnerait une perte de temps et l'exposerait à des erreurs. Pour s'épargner ce double inconvénient, on a imaginé un autre livre dans lequel les écritures du Journal sont classées de manière à ce que toutes les opérations ayant rapport à un seul individu ou à une seule espèce de valeurs, soient réunies sur un même folio (deux pages en regard) qu'on appelle compte. Ce registre, c'est le GRAND-LIVRE. Là une addition ou quelquefois un simple coup d'œil suffit pour nous faire connaître notre position vis-à-vis de tel ou tel correspondant ou d'un genre quelconque d'opérations.

Je me tiens pour le moment à ces trois livres auxiliaires ; je parlerai de plusieurs autres livres dans mes leçons sur la partie double.

113. Exercices.

Quels sont les livres prescrits par le Code de commerce? Quel est le but de toute tenue de livres? Qu'est-ce que le Journal, et comment doit-il être tenu? par quel moyen arrive-t-on à le tenir proprement et régulièrement? Au moyen de quel autre livre le commerçant peut-il se rendre compte de sa situation vis-à-vis de ses correspondants?

IV

PARTIE SIMPLE

LIVRE DE CAISSE

114. La Caisse est un livre sur lequel on inscrit les recettes et les payements d'espèces.

En tête de chaque folio, on écrit à l'extrémité gauche de la page à gauche *Doit* ou *Recettes*; à l'extrémité droite de la page à droite *Avoir* ou *Payements*, et entre ces deux mots le mois et l'année : JANVIER 1862.

115. On porte à la page à gauche les recettes, et à la page à droite les payements, en inscrivant d'abord la date, puis quelques mots d'explication, et enfin la somme. Voici quelques exemples :

Le 1er janvier, je verse en caisse mon capital de fr. 20 000. Je paye un terme de loyer de fr. 625 et une lettre de voiture de fr. 12.

Le 2, je vends au comptant 185 kos sucre à fr. 1.60 = fr. 296.

Le 3, j'achète au comptant 650 kos café à fr. 2.75 = fr. 1 787.50.

Le 4, je vends au comptant 50 kos café à fr. 3.10 = fr. 155, et j'achète un mobilier de bureau pour fr. 1 200.

Le 5, je verse chez LEBLANC, banquier, fr. 15 000.

Le 6, je paye une lettre de voiture fr. 34.

Le 7, je vends au comptant 50 kos café à 3.10 = fr. 155.

Le 11, je reçois de BELIN, à Châlons, pour solde fr. 200.

Le 13, je vends au comptant 50 kos indigo à fr. 40 = fr. 2 000, et j'achète 100 kos raisin de caisse à fr. 1.50 = 150.

Le 18, je vends au comptant 20 kos raisin de caisse à f. 1 75 = f. 35.

Le 19, je reçois de LEBLANC, banquier, fr. 1 000.

Le 20, je paye mon billet, ordre THIRION et Cie, fr. 2 515.20.

Le 21, je reçois de FABRE, à Nancy, fr. 500, et je paye à LENOIR, pour solde, fr. 174.60.

Le 25, j'encaisse un effet sur Paris de fr. 320.85.

Le 27, je vends au comptant 300 kos savon à fr. 1 = fr. 300, et je paye une lettre de voiture fr. 10.50.

Le 28, je vends au comptant 200 kos riz à » 40 = fr. 80.

Le 29, je paye une prime d'assurance contre l'incendie, fr. 200.

Le 31, je paye les appointements de mon employé, fr. 200, ceux de mon garçon de magasin fr. 100. Les dépenses de ménage se sont élevées pendant ce mois à fr. 500, celles du commerce à fr. 40.

Ayant inscrit ces articles jour par jour dans mon livre de Caisse, celui-ci présente la forme suivante :

Doit. (Recettes.) — JANVIER — 1862 — (Payements.) — Avoir.

	Recettes				Payements		
1	Mon capital versé en caisse. . . .	20000	»	1	Payé un terme de loyer.	625	»
2	Vendu au comp. 185 kos sucre à 1.60.	296	»	»	— une lettre de voiture.	12	»
4	— 50 kos café à 3.10. . . .	455	»	3	Acheté 650 kos café à 2.75.	1787	50
7	— 400 kos sucre à 1.50. . . .	600	»	4	— un mobilier de bureau. . .	1200	»
11	Reçu de Belin pr solde.	200	»	5	Versé chez Leblanc, banquier. . .	15000	»
13	Vendu au cpt. 50 kos indigo à 40. »	2000	»	6	Payé une lettre de voiture.	34	»
18	— 20 kos raisin à 1.75. . .	35	»	13	Acheté 100 kos raisin de caisse 1.50.	150	»
19	Reçu de Leblanc, val. en compte.	1000	»	20	Payé m/ billet o/ Thirion et Ce. .	2515	20
21	— de Fabre, pr solde.	500	»	21	— à Lenoir, pour solde.	174	60
25	Encaissé un effet s/ Paris.	320	85	27	— une lettre de voiture.	10	50
27	Vendu au cpt. 300 kos savon à 1. »	300	»	29	— une prime d'assurance. . . .	120	»
28	— 200 kos riz à 40. »	80	»	31	— appointements de m/ empl. .	200	»
				»	— — de m/ garç. de mag.	100	»
				»	Dépenses de ménage du mois. . .	500	»
				»	— de commerce.	40	
				»	Bill. de B/. . . . . f 2000. »		
				»	Pièces de f. 20. . . . . 700. »	3018	05
				»	Pièces de f. 5. . . . . . 270. »		
				»	Monnaie. 48.05		
		25486	85			25486	85

On le voit, la tenue d'une caisse n'est pas difficile, mais elle demande une parfaite exactitude. L'omission ou le double emploi d'une recette ou d'un payement, ou l'erreur dans l'inscription d'une somme occasionneraient nécessairement une différence entre les espèces en caisse et la balance de ce livre, qui doivent toujours être égales.

116. Voici comment on opère pour *faire la caisse*, c'est-à-dire pour vérifier si le livre est d'accord avec les espèces en caisse, et par conséquent avec les opérations. On fait sur une feuille volante l'addition du Doit et celle de l'Avoir; on ajoute à celle-ci l'argent en caisse (ci-dessus fr. 3,018 05); on additionne, et le total de l'Avoir doit être égal à celui du Doit.

117. *On arrête la caisse* ordinairement tous les mois (1), et pour cela faire, on inscrit le bordereau des espèces en caisse à l'Avoir; on tire un trait, pose les deux additions, tire un nouveau trait, et commence le mois suivant en portant au Doit : *Espèces en caisse.*

118. Exercices.

Qu'est-ce que le Livre de caisse? Où porte-t-on les recettes? Où les dépenses? Quelle est la condition essentielle à la tenue d'une caisse? Que veut dire l'expression : *Faire la caisse?* En quoi consiste cette opération? Que signifient les mots : *Arrêter la caisse?*

Établissez un Livre de caisse et passez-y cinq recettes et huit dépenses.

---

(1) Dans les grandes maisons de commerce et de banque on l'arrête tous les jours.

V

MAIN-COURANTE

119. La Main-courante est un registre dans lequel on inscrit toutes les opérations autres que celles des recettes et payements d'espèces.

120. La rédaction des articles est fort simple. Il suffit d'inscrire en forme de notes les diverses opérations de commerce pour les transporter ensuite de ce registre au Journal.

121. En tête de chaque page de la Main-courante, on inscrit en grosses lettres le mois et l'année :

JANVIER 1862.

Au milieu de la ligne suivante, on écrit la date, à gauche et à droite de laquelle on tire une ligne horizontale qui s'arrête aux colonnes de droite et de gauche de la page.

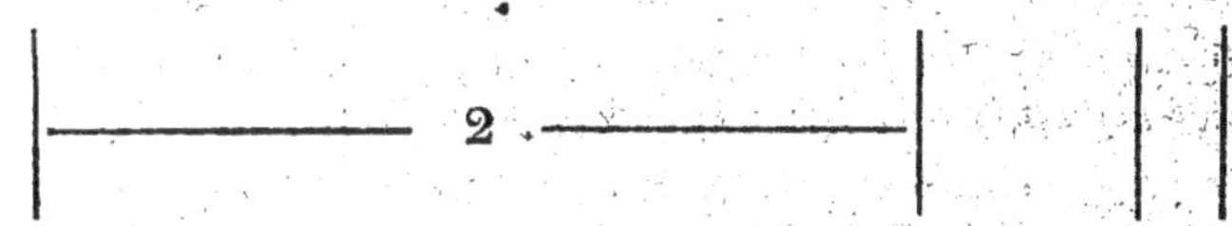

Tous les articles sont séparés entre eux par des lignes semblables. Dans certaines maisons, au lieu de répéter la date des articles d'un même jour, on écrit *ledit* ou *dudit*, ou l'on met simplement des guillemets. Cette méthode est incommode, car elle rend les recherches qu'on pourrait être obligé de faire dans ce livre plus difficiles.

Voici des articles à passer à la Main-courante :

Le 2 janvier, je reçois de THIRION et Cᵉ, au Havre, 2 060 kᵒˢ sucre à fr. 1.25 = fr. 2 575 ; plus pour emballage fr. 18, dont il me remet facture en date du 25 décembre.

Le 4, j'envoie à BELIN, à Châlons, 800 kᵒˢ sucre à fr. 1.40 = fr. 1 120, 100 kᵒˢ café à fr. 3.25 = fr. 325 ; emballage fr. 5.

Le 5, je remets à THIRION et Cᵉ, au Havre, pour solde de l/ facture du 25 décembre, m/ billet à l/ o/ au 20 cᵗ de fr. 2 515.20, et je retiens pour escᵗᵉ de 3 % fr. 77.80.

Le 6, je reçois de LENOIR, à Marseille, suivᵗ s/ fact. du 1ᵉʳ cᵗ, 115 kᵒˢ indigo à fr. 30.40 = fr. 3 496 ; emballage fr. 4.

Le 8, j'envoie à FABRE, à Nancy, 400 kᵒˢ sucre à fr. 1.50 = fr. 600, 200 kᵒˢ café à fr. 3.05 = fr. 610 ; emballage fr. 10.

Le 11, je reçois de BELIN, à Châlons, pour solde de ma facture du 4 cᵗ, un effet s/ Paris, au 10 févʳ fr. 450.40, un autre au 15 févʳ fr. 727.10 ; il retient pour escompte de 5 % fr. 72.50.

Le 12, j'envoie à BRUN, 10, rue des Lombards, 50 kᵒˢ indigo à fr. 50 = fr. 2 500.

Le 14, j'envoie à BELIN, à Châlons, 100 kᵒˢ café à fr. 3.40 = fr. 340, 20 kᵒˢ raisin à fr. 2.25 = fr. 45 ; emballage fr. 5.

Le 15, je reçois de BRUN, 10, rue des Lombards, 500 kᵒˢ riz à » 25 = fr. 125. — J'envoie à FABRE, à Nancy, 10 kᵒˢ indigo à fr. 50 = fr. 500, 100 kᵒˢ riz à » 40 = fr. 40 ; emballage fr. 6.

Le 20, je reçois de LEBLANC, banquier de c/. v/., un effet s/ Marseille au 31 cᵗ de fr. 2 700.

Le 21, je remets à LENOIR, à Marseille, pour solde, un effet s/ Marseille, au 31 cᵗ, fr. 2 700 ; un s/ Paris, au 10 févʳ, fr. 450.40 ; escompte de 5 % s/ s/ facture du 1ᵉʳ cᵗ, fr. 175.

Le 22, je reçois de FABRE, à Nancy, pour solde de ma fʳᵉ du 8 cᵗ, un effet s/ Paris au 25 cᵗ fr. 320.85, un autre au 31 cᵗ fr. 338.15, escompte 5 % fr. 61.

Le 23, j'envoie à ANDRÉ, 25, rue Sᵗ-Antoine, 200 kᵒˢ sucre à fr. 1.60 = fr. 320, 100 kᵒˢ café à fr. 3.20 = fr. 320, 40 kᵒˢ raisin à fr. 2.25 = fr. 90 ; emballage fr. 10.

Le 27, je reçois de DUPUIS, à Marseille, suivant sa facture du 22 cᵗ, 500 kᵒˢ savons à » 70 = fr. 350 ; emballage fr. 2.

JANVIER 1862.

| 2 |

Reçu de **Thirion et C**^{ie}, au Havre,
l/ f^{re} du 25 décembre à
2 060 k^{os} sucre à 1 25... f. 2 575 » } 2 593 »
Emballage............. 18 » }

| 4 |

Expédié à **Belin**, à Châlons,
par le chemin de fer,
800 k^{os} sucre à 1 40... f. 1 120 » }
100 k^{os} café à 3 25.... 325 » } 1 450 »
Emballage........... 5 » }

| 5 |

Remis à **Thirion et C**^{ie}, au Havre,
pour l/ f^{re} du 25 décembre,
m/ billet au 20 c^t...... f. 2 515 20 } 2 593 »
Escompte 3 %........ 77 80 }

| 6 |

Reçu de **Lenoir**, à Marseille,
s/ f^{re} du 1er c^t à
115 k^{os} indigo à 30 40. f. 3 496 » } 3 500 »
Emballage............... 4 » }

| 8 |

Expédié à **Fabre**, à Nancy,
par le chemin de fer,
400 k^{os} sucre à 1 50.... f. 600 » }
200 k^{os} café à 3 05.... 610 » } 1 220 »
Emballage............. 10 » }

JANVIER 1862.

------------------ 11 ------------------

Reçu de Belin, à Châlons,
     pour m/ f^{re} du 4 c^t,
     Paris, 10 février....... f. 450 40 ⎫
     — 15 — .... 727 10 ⎬ 1 250 | »
     Escompte 5 %........ 72 50 ⎭

------------------ 12 ------------------

Envoyé à Brun, 10, rue des Lombards,
     s/ s/ demande verbale,
     50 k^{os} indigo à........... 50 » | 2 500 | »

------------------ 14 ------------------

Expédié à Belin, à Châlons,
     par le chemin de fer,
     100 k^{os} café à 3 40.... f. 340 » ⎫
     20 k^{os} raisin à 2 25.... 45 » ⎬ 390 | »
     Emballage........... 5 » ⎭

------------------ 15 ------------------

Reçu de Brun, 10, rue des Lombards,
     s/ f^{re} du 14 c^t, à 500 k^{os} riz à » 25 | 125 | »

------------------ 15 ------------------

Expédié à Fabre, à Nancy,
     par le chemin de fer,
     10 k^{os} indigo à 50 » ... f. 500 » ⎫
     100 k^{os} riz à » 40...... 40 » ⎬ 546 | »
     Emballage........... 6 » ⎭

------------------ 20 ------------------

Reçu de Leblanc, banquier, à Paris,
     s/ rem/ val en c^{te}, Marseille, 31 c^t. | 2 700 | »

JANVIER 1862.

21			
Remis à LENOIR, à Marseille,			
pour solde.			
Marseille, 31 c^t........... 2 700 »		3 325	40
Paris, 10 février....... 450 40			
Escompte 5 %........... 175 »			
22			
Reçu de FABRE, à Nancy,			
pour solde.			
Paris, 25 c^t............ 320 85		720	»
— 31 c^t............ 338 15			
Escompte 5 %........... 61 »			
23			
Remis à ANDRÉ, 25, rue Saint-Antoine,			
200 k^{os} sucre à 1 60.... f. 320 »		740	»
100 k^{os} café à 3 20..... 320 »			
40 k^{os} raisin à 2 25... 90 »			
Emballage........... 10 »			
27			
Reçu de DUPUIS, à Marseille,			
s/ facture du 22 c^t à		352	»
500 k^{os} savon à » 70.... f. 350 »			
Emballage........... 2 »			

122. Exercices.

Qu'est-ce que la Main-courante? Comment ce registre est-il disposé? Comment y inscrit-on les articles?

Passez les articles suivants:

M. Mérion, au Havre, v/ livre 1000 k⁰ˢ café à fr. 2 75.
Vous expédiez à M. Varin, à Reims, 700 kᵐ sucre
à fr. 1 25.

VI

JOURNAL

123. Le Journal a la forme de la Main-Courante : le mois et l'année sont inscrits à la tête de chaque page, et les articles sont divisés entre eux par deux traits renfermant la date.

124. Toutes les opérations portées à la Caisse et à la Main-Courante sont transcrites proprement au Journal. On distingue deux sortes d'opérations : *les opérations au comptant*, qui ne figurent au Journal que pour mémoire, uniquement pour satisfaire à la loi qui dit que « toutes les opérations doivent être portées sur ce livre, » et *les opérations à crédit*, qui doivent être transportées au Grand-Livre.

125. La rédaction des articles au comptant est ici la même qu'à la Caisse et à la Main-Courante; mais celle des articles à crédit demande une petite étude. A côté du nom du correspondant, il faut donner l'indication si son compte doit être débité ou crédité.

126. Voici la règle générale d'après laquelle toutes les opérations à crédit doivent être inscrites : Celui qui *reçoit* est *débiteur;* celui qui *donne* est *créditeur.*

Exemple. M. André m'envoie des marchandises. Il donne : il est donc créditeur. — J'envoie des marchandises à Bernard. Il reçoit : donc il est débiteur. — Je paye à André le montant de sa facture. Il reçoit : je le débite de mon payement. — Bernard me paye ma facture. Il donne : je le crédite de son payement.

Pour indiquer qu'un correspondant doit être débité, je mets le mot doit Doit devant son nom; je mets celui d'Avoir s'il doit être crédité.

JANVIER 1862.

	1		
—	Mon capital versé en caisse............	20 000	»
	1		
—	Payé un terme de loyer......... 625 »	637	»
	— une lettre de voiture........ 12 »		
	2		
—	Vendu au comptant 185 k^os sucre à 1 60.	296	»
	2		
1	*Avoir* Thirion et Cie, au Havre,	2 593	
	1/ f^re du 25 février d^er à		
	2060 k^os sucre à 1 25... 2 575 »		
	Emballage............. 18 »		
	3		
—	Acheté au comptant 650 k^os café à 2 75.	1 787	50
	4		
—	Vendu au comptant 50 k^os café à 3 40...	155	»
	4		
—	Acheté un mobilier de bureau..........	1 200	»

JANVIER 1862.

	4		
1	*Doit* BELIN, à Châlons,		
	m/ envoi par le chemin de fer, de		
	800 k^{os} sucre à 1 40.... 1 120 »		
	100 k^{os} café à 3 25..... 325 »	1 450	»
	Emballage............. 5 »		

	5		
2	*Doit* LEBLANC, banquier, à Paris,		
	m/ versem^t espèces val. en c^{te}.....	15 000	»

	5		
1	*Doivent* THIRION ET Cie, au Havre,		
	m/ rem/ pour l/ f^{re} du 25 février,		
	m/ billet à l/ o/ au 20 c^t.. 2 512 20		
	Escompte 3 %........... 77 80	2 590	»

	6		
—	Payé une lettre de voiture............	34	»

	6		
2	*Avoir* LENOIR, à Marseille,		
	s/ f^{re} du 1er c^t à		
	115 k^{os} indigo à 30 40. 3 496 »		
	Emballage............ 4 »	3 500	»

	7		
—	Vendu au comptant 400 k^{os} sucre à 1 50.	600	»

	8		
3	*Doit* FABRE, à Nancy,		
	m/ envoi par chemin de fer de		
	400 k^{os} de sucre à 1 50... 600 »		
	200 k^{os} café à 3 05....... 610 »	1 220	»
	Emballage............. 10 »		

JANVIER 1862.

———————— 11 ————————

1 | *Avoir* BELIN, à Châlons,
       s/ rem/ p^r m/ f^{re} du 4 c^t
       Paris, 10 avril............ 450 40
       —— 15 —— 727 10
       B/ de b/............... 200 »
       Escompte 5 %........... 72 50   1 450 | »

———————— 12 ————————

4 | *Doit* BRUN, 10, rue des Lombards,
       m/ envoi s/ s/ demande verbale de
       50 k^{os} indigo à 50 »...........   2 500 | »

———————— 13 ————————

— | Vendu au comptant 50 k^{os} indigo à 40 »   2 000 | »

———————— 13 ————————

— | Acheté au comptant 100 k^{os} raisin de
       caisse à 1 50.................   150 | »

———————— 14 ————————

5 | *Doit* BELIN, à Châlons,
       m/ envoi par le chemin de fer de
       100 k^{os} café à 3 40....... 340 »
       20 k^{os} raisin à 2 25..... 45 »
       Emballage............. 5 »   390 | »

———————— 15 ————————

3 | *Avoir* BRUN, 10, rue des Lombards,
       s/ f^{re} du 14 c^t à 500 k^{os} riz à » 25..   125 | »

———————— 15 ————————

6 | *Doit* FABRE, à Nancy,
       m/ envoi par le chemin de fer de
       10 k^{os} indigo à 50 »..... 500 »
       100 k^{os} riz à » 40..... 40 »
       Emballage............. 6 »   546 | »

JANVIER 1862.

—————————— 18 ——————————

—	Vendu au comptant 20 k⁰ˢ raisin à 1 75..	35	»

—————————— 19 ——————————

| 4 | *Avoir* LEBLANC, banquier, à Paris, | | |
| | s/ payem¹ espèces, val. en cᵗᵉ..... | 1 000 | » |

—————————— 20 ——————————

| — | Payé m/ billet o/ Thirion et Cⁱᵉ........ | 2 515 | 20 |

—————————— 20 ——————————

| 5 | *Avoir* LEBLANC, banquier, à Paris, | | |
| | s/ rem/ val. en cᵗᵉ, Marseille, 31 cᵗ. | 2 700 | » |

—————————— 21 ——————————

Doit LENOIR, à Marseille,
m/ rem/ à s/ voyageur, pour solde,

2	Marseille, 31 cᵗ........ 2 700 »		
	Paris, 10 avril......... 450 40	3 500	»
	Espèces.............. 174 60		
	Escompte 5 %......... 175 »		

—————————— 21 ——————————

Avoir FABRE, à Nancy,
s/ rem/ pʳ solde,

3	Paris, 25 cᵗ............. 320 85		
	—— 31 cᵗ............. 338 15	1 220	»
	B/ de b/............... 500 »		
	Escompte 5 %.......... 61 »		

—————————— 23 ——————————

Doit ANDRÉ, 25, rue Saint-Antoine,
m/ envoi de ce jour de

7	200 k⁰ˢ sucre à 1 60...... 320 »		
	100 k⁰ˢ café à 3 20....... 320 »	740	»
	40 k⁰ˢ raisin à 2 25..... 90 »		
	Emballage............... 10 »		

JANVIER 1862.

	——— 25 ———		
—	Encaissé un effet sur Paris..............	320	85
	——— 27 ———		
—	Vendu au comptant 300 k^os savon à 1 »	300	»
	——— 27 ———		
—	Payé une lettre de voiture............	10	50
	——— 27 ———		
6	*Avoir* Dupuis, à Marseille, s/ f^re du 22 c^t, à 500 k^os savon à » 70..... 350 » Emballage............... 2 »	352	»
	——— 28 ———		
—	Vendu au comptant 200 k^os riz à » 40...	80	»
	——— 29 ———		
—	Payé une prime d'assurance contre l'in- cendie.......................	120	»
	——— 31 ———		
—	Payé à Barbot, m/ employé, app^t d'un mois............... 200 » Payé à Louis, m/ garçon de ma- gasin. .... 100 » Payé pour dépenses de ménage... 500 » — pour dépenses de commerce. 40 »	840	»

127. Exercices.

Qu'est-ce que le Journal (n° 108)? Quelle est la forme de ce livre? Combien de sortes d'articles y distingue-t-on? Comment y passe-t-on les articles au comptant? Comment ceux à crédit? D'après quelle règle inscrit-on les articles à crédit?

Passez au Journal les exemples n° 122.

VII

GRAND-LIVRE

128. Le Grand-Livre est un registre dans lequel chaque personne qui nous doit ou à qui nous devons a un compte. On appelle *compte* un état dressé sur deux pages en regard (folio), disposées comme suit : à l'extrémité gauche des deux pages, on écrit le mot *Doit*; à l'extrémité droite, le mot *Avoir*, et entre les deux mots, le nom du correspondant.

On inscrit au *Doit* (côté gauche) tout article du Journal précédé du mot *Doit*, et à l'*Avoir* (côté droit), tout article précédé du mot *Avoir*.

129. En portant les articles du Journal ci-dessus au Grand-Livre, je les repasse d'abord tous, et je tire en dehors de la colonne, à gauche, un petit trait en regard de chaque article qui n'a de rapport à aucun compte personnel, et qui ne doit, par conséquent, pas être porté à ce registre. Puis j'ouvre des comptes pour les autres, dont je porte les folios respectifs en regard des noms, à gauche.

1   Doivent   THIRION ET Cie   AU HAVRE   Avoir   1

1862 janv.	5	M/ rem/ et esc. .	(1)	2 593	»	1862 janv.	2	L/ facture. . . .	(1)	2 593	»

2   Doit   BELIN   A CHALONS   Avoir   2

1862 janv.	4	M/ facture . . .		1 450	»	1862 janv.	11	S/ remise.		1 450	»
	14	— . . .		390	»						

3   Doit   LEBLANC   DE CETTE VILLE   Avoir   3

1862 janv.	5	M/ versement. .		15 000	»	1862 janv.	19	S/ payement. . .		1 000	»
							20	S/ remise.		2 700	»

4   Doit   LENOIR   A MARSEILLE   Avoir   4

1862 janv.	21	M/ rem/.		3 500	»	1862 janv.	6	S/ facture. . . .		3 500	»

(1) Dans cette colonne on inscrit le folio du Journal.

5	Doit	FABRE	A NANCY				Avoir	5
1862 janv.	8	M/ facture. . . .	1 220	»	1862 janv.	21	S/ rem/.	1 220	»
	15	— . . .	546	»					

6	Doit	BRUN	10, RUE DES LOMBARDS				Avoir	6
1862 janv.	12	M/ facture. . . .	2 500	»	1862 janv.	15	S/ facture. . . .	125	

7	Doit	ANDRÉ	25, RUE SAINT-ANTOINE				Avoir	7
1862 janv.	23	M/ facture. . . .	740	»					

8	Doit	DUPUIS	A MARSEILLE				Avoir	8
					1862 janv.	27	S/ facture. . . .	352	»

130. Exercices.

Qu'est-ce que le Grand-Livre? Quel registre fournit les éléments des écritures du Grand-Livre? Qu'est-ce qu'un compte? Qu'est-ce qu'un folio? Comment transporte-t-on les articles du Journal au Grand-Livre?

Établissez un compte en passant quatre articles au *Doit* et six à l'*Avoir*.

VIII

INVENTAIRE

131. L'inventaire d'une tenue de livres en partie simple consiste dans l'énumération de toutes les valeurs que possède un négociant. Du total de cette liste, il déduit toutes les sommes qu'il doit, et il obtient ainsi le montant net de son avoir. Pour connaître le chiffre de son bénéfice et de ses pertes par année, il n'a qu'à comparer le montant de son avoir à celui du précédent inventaire.

132. Rendons-nous compte d'abord de la situation des comptes de mes correspondants. J'obtiendrai ce résultat en cherchant la différence entre le débit et le crédit de chaque compte.

Je dresse donc un état de tous les comptes de mon Grand-Livre, en indiquant les folios, les noms et le montant des sommes au *Doit*, ainsi que de celles à l'*Avoir*.

Ce travail terminé, je porte dans une colonne réservée à droite des sommes, la différence (*le solde*) entre le *Doit* et l'*Avoir*, en indiquant bien si ce solde m'est dû par le correspondant dont le nom se trouve en regard, ou si c'est moi qui le lui dois. Dans le premier cas, j'écris *Debiteur de* fr..... ; dans le second, *Crediteur de* fr.....

		Doit.		Avoir.		Soldes.		
1, Thirion et Cⁱᵉ.	2 593	»	2 593	»	—		—	
2, Belin........	1 840	»	1 450	»	*Débit. de*	390	»
3, Leblanc......	15 000	»	3 700	»	*Débit. de*	11 300	»
4, Lenoir.......	3 500	»	3 500	»	—		—	
5, Fabre.......	1 766	»	1 220	»	*Débit. de*	546	»
6, Brun........	2 500	»	125	»	*Débit. de*	2 375	»
7, André.......	740	»	»	»	*Débit. de*	740	»
8, Dupuis.......	»	»	352	»	*Créd. de*	352	»

Lorsque je veux arrêter mes comptes, je porte ces soldes au Journal comme suit :

───────────── 31 ─────────────

Avoir les suivants :

Belin, à Châlons, solde à nouveau....... fr.	390	»
Leblanc, à Paris, — —	11 300	»
Fabre, à Nancy, — —	546	»
Brun, à Paris, — —	2 375	»
André, à Paris, — —	740	»

───────────── 31 ─────────────

Doit Dupuis, à Marseille,
   Solde à nouveau...................... fr. 352 »

Je passe ces articles au Grand-Livre et je ferme ainsi les comptes, que j'ouvre ensuite à nouveau, en écrivant au Journal : *Doivent* les suivants... *Avoir* Dupuis...

133. Ce travail fait, je vais inventorier toutes mes valeurs, que je classe de la manière suivante :

INVENTAIRE AU 31 JANVIER 1862

ACTIF					
Espèces en caisse......................				3 018	05
Effets en portefeuille....................				1 065	25
MARCHANDISES					
75 kos sucre...........	1 25	93 75			
100 — café............	2 75	275 »			
5 — indigo..........	30 40	152 »			
20 — raisins.........	1 50	30 »		740	75
200 — savon..........	» 70	140 »			
200 — riz............	» 25	50 »			
MOBILIER					
Une caisse en fer........	» »	600 »			
Un bureau.............	» »	150 »			
Un comptoir...........	» »	150 »			
Une bascule avec ses poids.	» »	200 »		1 200	»
Une balance............	» »	30 »			
Six chaises............	5 »	30 »			
Casiers, etc.	» »	40 »			
DÉBITEURS					
Belin, à Châlons............		390 »			
Leblanc, à Paris.............		11 300 »			
Fabre à Nancy..............		546 »		15 351	»
Brun, à Paris...............		2 375 »			
André, à Paris..............		740 »			
				21 375	05
PASSIF					
CRÉDITEUR					
Dupuis, à Marseille.................				352	»
Montant de mon avoir............				21 023	05

Mon capital primitif ayant été de fr. 20 000, le bénéfice de ce
mois s'élève, par conséquent, à fr. 1 023 05.

134. Exercices.

En quoi consiste l'inventaire d'une tenue de livres en partie simple? Par quel moyen peut-on connaître le montant des bénéfices ou des pertes par année? Par quel moyen peut-on savoir ce que nous devons ou ce qui nous est dû?

Établissez un inventaire à volonté.

IX

PARTIE DOUBLE

NOTIONS GÉNÉRALES

135. J'ai dit n° 106 que la tenue des livres en partie double doit sa dénomination au principe qui consiste à faire concourir à chaque opération au moins deux comptes. Voici quelques exemples qui feront mieux saisir ce principe.

Bernard, de Lyon, me doit 500 fr., et moi je dois 500 fr. à André de la même ville. Au lieu de me faire envoyer cette somme par Bernard et de la renvoyer ensuite à André, ou de remettre à celui-ci une traite sur celui-là, j'écris à Bernard de vouloir bien verser la somme due à André.

Suivant la méthode en partie simple, je dois passer écriture de ce versement de la manière suivante ;

Avoir Bernard, à Lyon,
      pour son versement chez André......... f. 500 »

Doit ANDRÉ, à Lyon,

        pour le versement de BERNARD.......... f. 500   »

Suivant la méthode en partie double, je réunis au Journal ces deux articles en un seul et je dis :

ANDRÉ, à Lyon, (doit) à BERNARD, à Lyon,

        pour le versement espèces que le second a

        effectué chez le premier................... f. 500   »

Et si, au lieu de devoir 500 fr. à André, je ne lui devais que 300 fr. et 200 fr. à Charles, et que je priasse Bernard de verser ces deux sommes à ces deux correspondants, comment devrais-je inscrire cette opération? Rendons-nous d'abord compte de ce qui a été fait.

Bernard a payé 500 fr., il est créditeur.

André a reçu 300 fr., donc il est débiteur.

Charles a reçu 200 fr., il est également débiteur.

J'ai par conséquent deux débiteurs et un créditeur, et je porte cette opération au Journal comme suit :

LES SUIVANTS (doivent) A BERNARD,

        Ses payements espèces pour solde de ma

        facture du......................................

ANDRÉ, de Lyon,

        pour solde de s/ f^re......... f. 300   »

CHARLES, de Lyon,

        pour solde de s/ f^re......... f. 200   »

                            f. 500   »

Supposons encore que je doive 500 fr. à André et que Daniel me doive 250 fr., et Ernest aussi 250 fr., et que je prie chacun de ces derniers de verser les sommes dues chez André, comment analyserons nous l'opération?

Daniel paye. Il devient créditeur de 250 fr.

Ernest devient également créditeur de 250 fr.

André, au contraire, devient débiteur de 500 fr.

J'écris donc au Journal :

ANDRÉ (doit) AUX SUIVANTS,
   pour les versements ci-après pour solde
    de s/ f⁰ du 25 juin :

A DANIEL, de Lyon,
   s/ versem* chez ANDRÉ p. s. f. 250 »
A ERNEST, de Lyon,
   s/ versem* chez ANDRÉ p. s. f. 250 »
             f. 500 »

136. Si maintenant nous passons à un autre genre d'opérations, à des achats ou à des ventes, par exemple, nous abordons une des difficultés de la méthode en partie double, que je traiterai à fond au chapitre des COMPTES ; ici, je me bornerai à deux exemples :

Je reçois de FRANÇOIS, de Valenciennes, 2 000 k⁰⁰ sucre à 1 40; fr. 2 800.

Comment puis-je mettre *deux* comptes en jeu, puisqu'il n'est question que d'un correspondant ? demandera peut-être l'élève. Expliquons-nous.

Que fait ce correspondant ? — Il fournit des marchandises. — Bien ; et si je personnifiais ce nom collectif de *Marchandises* pour l'opposer au nom personnel de *François* ? J'aurais :

MARCHANDISES (doivent) A FRANÇOIS, de Valenciennes,
   pour sa facture du 5 c¹ à
   2,000 k⁰⁰ sucre à 1 40.............. f. 2 800 »

Je paye à François ces 2 800 fr. Que se passe-t-il? François devient débiteur de 2800 fr. qui sortent de ma caisse. Si, comme à l'exemple ci-dessus, je personnifiais la *Caisse*, le problème serait également résolu. Ainsi :

FRANÇOIS, de Valenciennes, à CAISSE,
       pour mon payement de sa facture du 5 c^t.   f. 2 800   »

137. Exercices.

Quelle est la différence entre la tenue des livres en partie simple et celle en partie double?

Donnez des exemples. Expliquez l'existence de deux comptes dans une opération où il n'est question que d'un correspondant. Donnez des exemples :

X

LIVRES DE COMMERCE

138. J'ai dit dans mes leçons sur la tenue des livres en partie simple (n° 108 à 112) que, suivant le Code de commerce, tout commerçant est obligé d'avoir ces trois livres : le Journal, le Copie de lettres et le Livre d'Inventaires. A ces livres essentiels, j'ai ajouté trois livres auxiliaires, savoir : le Livre de Caisse, la Main-Courante et le Grand-Livre. Ces registres sont les mêmes pour la tenue des livres en partie double, car la différence entre les deux systèmes ne porte que sur l'inscription des articles.

139. Avant de parler d'autres livres auxiliaires, je ferai observer à mes lecteurs que la forme et le nombre de ces registres dépendent entièrement du genre et de la multiplicité des affaires d'un commerçant. Ainsi la Caisse et la Main-Courante peuvent, au besoin, subir les modifications suivantes. Je suppose un commerçant qui fasse des affaires en gros et en détail, et dont les nombreuses opérations ne puissent pas être inscrites par deux hommes sur les deux premiers livres auxiliaires, la Caisse et la Main-Courante. Par quel moyen arrive-t-il à ce que tout soit noté? Il subdivise ces livres de telle sorte qu'ils puissent être tenus par plusieurs employés.

140. On subdivise la Caisse en :

1° Le Livre de Caisse proprement dit, ou la grande Caisse, dans laquelle on inscrit journellement les recettes et les payements des affaires en gros, et à la fin de chaque mois ou plus souvent, si l'on veut, les opérations de détail, les frais de commerce, les dépenses de maison, etc.;

2° La Caisse de détail, que l'on tient dans un magasin, et sur laquelle on inscrit les recettes pour ventes au comptant et les versements de ces recettes à la grande Caisse;

3° La petite Caisse ou le Carnet des frais généraux. On y inscrit les ports de lettres et autres petites dépenses occasionnées par le commerce, dont on porte le total à la grande Caisse à la fin du mois;

4° Le Carnet des dépenses de maison. Certains négociants tiennent ce Carnet pour y noter les sommes qu'ils prélèvent pour les dépenses dans l'intérieur de leur famille, et dont ils portent également le total à la grande Caisse à la fin de chaque mois.

141. On subdivise la Main-Courante ainsi qu'il suit :

1° Un Livre d'achats, dans lequel on inscrit toutes les factures que l'on reçoit;

2° Un Livre de ventes, dans lequel on copie ses propres factures ;

3° Un Livre de traites et remises. On y inscrit l'entrée et la sortie des effets, de ses mandats et de ses billets;

4° Un Brouillon, dans lequel on note les escomptes, rabais, rectifications, etc.

142. Voici maintenant une description d'autres livres auxiliaires. Pour rendre cette leçon aussi claire et intéressante que possible, je l'accompagnerai d'exemples qui feront saisir facilement l'emploi de chaque registre, son utilité et les modifications dont il peut être susceptible.

Supposons que je commande 3000 k°ˢ sucre. Je les reçois, je les paye, je les vends avec bénéfice, et j'en encaisse le prix de vente.

143. Je fais ma commande, c'est-à-dire j'écris à Ch. Denis, à Noyon, de m'envoyer 3000 k°ˢ sucre à fr. 1.20, et pour me conformer au Code de comm., je copie ma lettre.

Autrefois le *Copie de lettres* était un registre en papier réglé dans lequel les apprentis de commerce transcrivaient les lettres. C'était là un excellent moyen pour les jeunes gens de se former le style. Mais depuis une vingtaine d'années, on a inventé un procédé qui dispense de copier les lettres à la main, et qui est beaucoup plus expéditif que le premier. On se sert à cet effet de registre d'un papier spécial sur lequel on prend, au moyen d'une forte pression, l'empreinte de la lettre écrite avec de l'encre communicative.

144. A l'arrivée de la marchandise commandée, je pourrai, en confrontant la facture à ma propre lettre, m'assurer si mon correspondant s'est bien conformé à ma commande. Cependant je pourrais avoir une correspondance et des occupations tellement nombreuses, qu'à l'arrivée de chaque facture la recherche de lettres-commandes m'occasionnât une trop grande perte de temps. Que puis-je faire pour y remédier? Je tiens un *Livre de commandes données*. Dans ce registre, j'inscris toutes les commissions que je donne soit verbalement, soit par écrit.

Voici un spécimen de ce livre :

1861 janv.	5	Ch. Denis, à Noyon.	300 k⁰ˢ sucre à	1	20	A.

Dans la colonne A, on inscrit la date de l'arrivée de la marchandise, après avoir confronté la facture avec la commande.

115. Je reçois de Ch. Denis une lettre d'avis qui m'annonce l'expédition du sucre, et qui contient la facture. Je mets celle-ci dans un portefeuille intitulé : *Factures à vérifier*, tandis que je *cote* la lettre, et, si elle n'exige pas de réponse, je la place dans un casier à compartiments rangés par ordre alphabétique; si, au contraire, il y a une réponse à faire, je la mets dans un carton ou portefeuille intitulé : *Lettres à répondre*.

Coter une lettre, c'est la plier en deux dans la longueur et inscrire en dehors, au haut sur le devant, le lieu, la date, le nom du correspondant, le jour de l'arrivée (date au-dessus de la ligne transversale, à droite de l'R), et, lorsqu'on y répond, la date de la réponse (au-dessous de la ligne partant de l'R).

Cela se fait de la manière suivante :

<table>
<tr><td>Noyon, le 10 janv. 1862. CH. DENIS R $\frac{\text{12 janvier}}{20}$ —</td></tr>
</table>

146. La marchandise arrive, et j'en paye les frais de transport fr. 36.50. J'inscris ce payement au *Livre de Caisse*, à l'Avoir (côté droit), comme suit :

Par FRAIS GÉNÉRAUX, payé la lettre de voit^{re} de CH. DENIS f. 36 50.

Mais si, par suite de nombreuses affaires, j'avais été obligé de diviser mon Livre de Caisse comme je l'ai indiqué n° 140, cette dépense serait inscrite à la *Petite-Caisse* (Carnet des frais généraux) comme suit, et transportée à la grande Caisse, avec d'autres frais du même genre, à la fin du mois seulement :

Payé la lettre de voit^{re} de CH. DENIS, pour 3 000 k^{os} sucre f. 36 50.

147. Je fais peser la marchandise, et je trouve le poids annoncé dans la facture. J'examine le sucre, et je vois que la qualité est conforme à celle que j'avais demandée ; enfin, je vérifie les calculs de la facture, et les ayant trouvés exacts, j'en passe écriture à la *Main-Courante :*

MARCHANDISES GÉNÉRALES A CH. DENIS, à Noyon,
    pour sa facture du 5 cour^t à
    3 000 k^{os} sucre à f. 1.20.............. f. 3 600 »

Si j'avais divisé ma Main-Courante comme je l'ai dit
n° 141, je porterais cette facture au *Livre d'achats* comme
suit :

A Ch. Denis, à Noyon (1),
        pour sa facture du 5 cour^t à
        3 000 k^{os} sucre à fr. 1 20.............. f. 3 600   »

148. Je règle la facture de Ch. Denis de la manière
suivante :

Je lui remets :
        un effet sur Noyon, à vue, de......... f. 3 000   »
        mon billet à son ordre au 31 janvier....   528   »
et je retiens pour escompte de 2 %..............   72   »
                                Total... f. 3 600   »

J'inscris cette remise à la Main-Courante, registre que
mes lecteurs connaissent déjà ; seulement ils remarque-
ront qu'il est question ici de trois sortes de valeurs, savoir :
1° D'un effet à recevoir (lettre de change) ;
2° D'un billet (effet à payer) ;
3° Et d'un escompte (bénéfice, profit).

        Ch. Denis, à Noyon, (doit) **a Divers**
        pour solde de s/ facture du 5 c^t :
a Effets a recevoir,
        N° 1, Noyon, vue...... f. 3 000   » ⎫
a Effets a payer,   ⎪
        m/ billet à s/ o/ au 31 c^t.   528   » ⎬ f. 3 600   »
a Profits et Pertes,   ⎪
        escompte de 2 %......   72   » ⎭

---

(1) A tous les articles inscrits dans ce registre, il est sous-entendu : *Marchandises
générales doivent à.*

149. Les traites (effets à recevoir) exigent le livre auxiliaire intitulé *Copie d'effets*, dans lequel on inscrit par ordre de numéro le contenu de chaque effet que l'on reçoit et de chaque mandat que l'on fournit sur un correspondant. La forme de ce livre varie suivant les différentes maisons de commerce. Celle que je donne ci-contre me paraît la meilleure.

F° 1

PAGE GAUCHE

N°	NATURE	SOUSCRIPTEUR	DOMICILE	DATE	ORDRE	CÉDANT	DATE D'ENTRÉE
1	Traite. .	A. Lenoir.	Metz.	Nov. 30	E. Malar. . . .	C. Dubois. . . .	Janv. 2

PAGE DROITE

F° 1

TIRÉ	DOMICILE	ÉCHÉANCE	SOMME		CESSIONNAIRE	DATE DE LA SORTIE
F. Delaunay. . . .	Noyon. . . .	Vue.	3 000	»	Ch. Denis.	Janvier 20

150. Les effets à payer exigent le registre intitulé *Carnet d'échéance*, dans lequel le commerçant prend note de ses propres billets et des traites qu'il a acceptées. Si ces opérations sont fréquentes, il destine une ou plusieurs pages aux échéances de chaque mois. Au cas contraire, il les inscrit les unes après les autres par ordre de numéro.

Voici un spécimen de ce livre :

N°	DATE	NATURE	ORDRE	ÉCHÉANCE	SOMME		RENTRÉE
1	Janv. 6	M/ billet.	Ch. Denis.	Janv. 31.	528	»	A
2	— 10	Traite. .	L. Duval.	Févr. 15.	1 000	»	

On inscrit à la colonne A la date à laquelle on paye ces effets.

151. Je fais placer ces 3000 k°ˢ sucre dans mon magasin ; mais là se trouvent déjà un grand nombre de marchandises de toute espèce dont j'ai besoin de connaître la provenance, le prix d'achat, la sortie, la quantité restant en magasin, etc. Je pourrais avoir ces renseignements en écrivant des notes sur les ballots, les caisses, etc., notes que j'irais consulter chaque fois que j'en éprouverais le besoin ; mais ce procédé m'occasionnerait une perte de temps et un dérangement continuel que je veux éviter. J'atteins mon but par le moyen d'un *Livre de Magasin* ou de *Marchandises*.

La forme de ce registre varie suivant le genre et l'importance du commerce. Celle que je donne ici me paraît la plus convenable.

ENTRÉE	SUCRE			DE CANNE		SORTIE	
1861 Janv. 10	Reçu de Ch. Denis	3000 k^{os}	1 20	1861 Janv. 15	Vendu au comptant.	1000 k^{os}	1 40
				— 20	Vendu à Hu- bert et Ce.	1000 k^{os}	1 50

151. Je vends à Ch. Albert, au comptant, 1 000 k^{os} sucre à fr. 1 40. Je fais une facture, j'inscris cette sortie au Livre de Magasin, et la recette d'espèces au Livre de Caisse (au Doit) :

A MARCHANDISES, vente au compt. de 1000 k^{os} sucre, fr. 1 400   »

152. Je reçois de Hubert et Cie, à Metz, une commande de 1000 k^{os} sucre à fr. 1.45. Pour faire faire cette expédition, je n'aurais qu'à donner la lettre à mon employé chargé de ce travail; mais je préfère conserver les lettres dans mon bureau, et je fais copier de la manière suivante celles qui contiennent des commandes sur un livre intitulé : *Carnet de Commandes reçues.*

1861 janv. 20	Hubert et Ce, à Metz.	1000 k^{os} sucre à 1 45	A

On porte ce carnet au magasin. On prépare l'envoi, et l'on en fait la facture, dont la date est inscrite à la colonne A du carnet ci-dessus. La facture passe ensuite au Livre de Magasin, où la sortie des 1 000 k^{os} sucre est notée, et enfin elle est inscrite à la Main-Courante comme suit :

> HUBERT ET Cⁱᵉ, à Metz (doivent), à MARCHANDISES GÉNÉRALES,
>   pour ma facture à
>   1 000 kᵒˢ sucre de canne à fr. 1 45...... fr. 1 450 »

155. Mais si par suite de nombreuses affaires j'avais été obligé de diviser ma Main-Courante, comme je l'ai indiqué au nᵒ 141, je porterais cette facture au *Livre de Vente* de la manière suivante :

> HUBERT ET Cⁱᵉ, à Metz (1),
>   pour ma facture à
>   1 000 kᵒˢ sucre de canne à fr. 1 45..... fr. 1 450 »

Je n'anticiperai pas pour montrer comment ces opérations devront être passées au Journal et au Grand-Livre. La tenue de ces registres fera l'objet d'une étude spéciale.

156. En résumé, la comptabilité commerciale exige les livres suivants :

LIVRES ESSENTIELS.

Le Journal,
Le Copie de lettres,
Le Livre d'Inventaires.

LIVRES AUXILIAIRES.

1° *Ceux qui concourent à la formation du Journal :*
Le Livre de Caisse ;

---

(1) Les mots *doivent à Marchandises générales* sont sous-entendus à tous les articles contenus dans ce registre.

Subdivision : Caisse de détail,

           Carnet des Frais généraux,

           Carnet des Dépenses de maison ;

La Main-Courante ;

Subdivision : Livre d'Achats,

           Livre de Ventes,

           Livre de Traites et remises ;

2° Ceux qui sont extraits du Journal :

Le Grand-Livre ;

*3° Ceux qui sont établis sur les actes de commerce et conte-
nant des renseignements qui ne pourraient trouver place dans
les registres ci-dessus :*

Le Livre du Magasin ou des marchandises ;

Le Copie d'effets ;

Le Carnet d'échéances ;

Le Livre des commandes données (extraits de nos
lettres) ;

Le Livre des commandes reçues (extraits des lettres de
nos correspondants).

157. Exercices.

Donnez une courte explication sur chacun des registres désignés
dans les nᵒˢ 138 à 156.

XI

LES COMPTES

158. Le commerce est un échange continuel de valeurs. Le commerçant possède une somme d'argent (capital) à laquelle il fait subir d'innombrables transformations (opérations commerciales), dans le but de l'augmenter successivement des bénéfices produits par ces transformations.

Le point de départ de toute comptabilité est donc le capital du commerçant. Ce capital est ensuite transformé en valeurs d'échange réelles et en valeurs d'échange de convention.

159. Les valeurs d'échange réelles sont : l'argent, les marchandises, les meubles, les immeubles.

Les valeurs d'échange de convention sont : les billets, les traites, les actions, les dettes et les créances contractées et acquises.

L'échange de ces valeurs peut se faire d'après les combinaisons suivantes :

Le commerçant donne :	Et il reçoit :
de l'argent,	des marchandises,
des effets,	des meubles,
une créance sur lui-même,	des immeubles,
des marchandises,	de l'argent,
des meubles,	des effets,
ou des immeubles.	ou une créance sur son client.

Ou il donne une ou plusieurs de ces valeurs contre une ou plusieurs autres. Quand il achète des marchandises au comptant, par exemple, il donne son argent contre des marchandises. En vendant une maison à crédit, il donne un immeuble contre la créance de l'acheteur.

160. Pour pouvoir connaître la situation de toutes ses valeurs, le commerçant tient un compte spécial pour chacune d'elles. Voy. n° 128.

161. On divise les comptes en trois classes, savoir : Comptes personnels, Comptes de commerce et Comptes de capitalisation. Les comptes des deux dernières classes sont ordinairement désignés par le nom de Comptes généraux.

Les comptes personnels sont ceux de nos correspondants débiteurs ou créanciers.

Les comptes de commerce sont : Caisse, Effets à recevoir, Effets à payer, Marchandises, Mobilier, Immeubles, Actions, Fonds publics, Part d'association, etc.

Les comptes de capitalisation consistent dans le compte de Capital et ses subdivisions, savoir : Profits et pertes, Balance de sortie, Balance d'entrée, Liquidation.

162. La régularité de la tenue de tout compte dépend avant tout de l'inscription claire et précise des opérations aux livres auxiliaires, puis de la transcription fidèle au Journal et de là au Grand-Livre. Il est donc indispensable que le teneur de livres ait une connaissance parfaite de la nature des comptes usités dans le commerce. J'en donne ici un résumé succinct accompagné de tableaux figuratifs.

163. Un Compte personnel est l'état des opérations faites avec un correspondant. On porte au Débit tout ce qu'il nous doit et au Crédit tout ce que nous lui devons, pour quelque cause et à quelque titre que ce soit. Exemple :

6.

Doit	A. MONOD, AU HAVRE	Avoir
A caisse, mes payements.	Par caisse, ses payements.
A effets à recevoir, mes remises.	Par effets à recevoir, ses remises.
A effets à payer, mes billets et acceptations.	Par effets à recevoir, mes traites sur lui.
A marchandises, mes factures.	Par marchandises, ses factures.
A ....., toutes les sommes qu'il reçoit ou qu'il me doit, à quelque titre que ce soit.	Par ....., toutes les sommes que je lui dois, à quelque titre que ce soit.

164. Le Compte de Caisse est une copie sommaire du Livre de Caisse.

Doit	CAISSE	CAISSE	Avoir
Les recettes d'espèces.		Les payements d'espèces.	

165. Le Compte d'Effets a recevoir est un état sommaire de l'entrée et de la sortie des effets que nous avons reçus et des traites que nous avons créées sur nos correspondants.

Doivent	EFFETS A RECEVOIR	Avoir
Entrée des effets. Nos propres traites.	Nos remises à nos correspondants.	

166. Le Compte d'Effets a payer contient l'entrée et sortie de nos propres billets et de nos acceptations (traites tirées sur nous par nos correspondants et que nous avons acceptées).

Doivent	EFFETS A PAYER	Avoir
Payement de nos billets et acceptations.	Remise de nos billets. Acceptation de traites.	

107. Le Compte de Marchandises est un état de l'entrée et de la sortie des marchandises. On y inscrit sommairement les achats et les ventes. A l'inventaire, on ajoute aux ventes le montant (au prix d'achat ou d'estimation) des marchandises en magasin; la différence entre le Doit et l'Avoir, c'est-à-dire entre les marchandises achetées et celles vendues et en magasin, représente le bénéfice ou la perte.

Doivent	MARCHANDISES GÉNÉRALES	Avoir
Achats de marchandises.	Ventes de marchandises.	

A *l'inventaire* :

A profits et pertes, bénéfice brut.	Ou par profits et pertes, perte brute.	

Le Compte de Marchandises peut subir la modification suivante : si, par un motif quelconque, on a besoin de connaître le résultat produit par l'achat et la vente d'une seule espèce de marchandise, on lui ouvre un compte distinct sous le nom qui lui est propre, par exemple : Compte de Laine, Compte de Café, et l'on en use comme du Compte de Marchandises.

Dans les établissements industriels où l'on s'occupe de la transformation plutôt que de l'achat et de la vente de certains objets, le compte de marchandises n'existe pas. Un meunier qui ne fait que moudre le grain de ses clients tient un compte de mouture ; dans une imprimerie on tient un compte d'impressions, etc.

168. Le Compte de Mobilier contient au Doit les frais d'achats et de réparations, et à l'Avoir le produit de la vente du mobilier du commerçant. A l'inventaire général, on fait ordinairement une déduction de 10, 20 ou plus pour cent pour moins-value.

Doit	MOBILIER	MOBILIER	Avoir
Achat de meubles. Réparations.		Vente de meubles.	
	A l'inventaire :		
		Par profits et pertes, moins-value.	

169. Le Compte d'Immeubles reçoit au Doit le prix d'achat de maisons, jardins, pièces de terre, etc., ainsi que le montant des contributions, de l'entretien et d'autres frais occasionnés par ces propriétés ; à l'Avoir on porte les recettes pour loyer et produits divers, ainsi que le prix de vente des immeubles.

A l'inventaire général, on fait, comme au compte de Mobilier, une déduction pour l'amortissement, ou l'on y porte une somme pour l'amélioration dont les immeubles peuvent avoir été l'objet.

Doivent   IMMEUBLES   IMMEUBLES   Avoir

Achat d'immeubles.	Vente d'immeubles.
Frais de construction et d'en-	Loyers reçus.
tretien.	Récoltes et produits divers.
Contributions des immeubles.	

A l'inventaire :

A profits et pertes, amélioration	Ou par profits et pertes, dimi-
ou plus-value.	nution de valeur.

De même qu'au Compte de Marchandises, on peut ouvrir un compte distinct à chaque immeuble.

110. Le COMPTE DE CAPITAL représente le commerçant lui-même sur ses livres, c'est-à-dire qu'en versant son capital en caisse, le commerçant devient créancier de sa maison de commerce, pour le montant de la somme versée. Il s'en crédite par conséquent dans un compte qu'il intitule Compte de Capital, et il en débite la Caisse qui reçoit les espèces. Par les opérations commerciales, le capital est augmenté si le commerçant réalise des bénéfices, ou diminué s'il éprouve des pertes; mais il ne porte les bénéfices ou pertes au compte de Capital qu'à l'inventaire général : jusque-là il les inscrit à un compte spécial intitulé Profits et Pertes, afin de pouvoir apprécier le résultat de ses opérations pendant le temps qui s'est écoulé d'un inventaire à l'autre.

Dans le cas d'association, le Compte de Capital est remplacé par les Comptes de Fonds des associés. En supposant que MM. Albert et Bernard fondent une maison de commerce en commun, on portera au crédit de chacun des associés sa mise de fonds à mesure qu'il la verse, et on le débitera de toute somme qui viendra diminuer cette somme, comme on le créditera de celles qui viendront l'augmenter.

Doit	CAPITAL	CAPITAL	Avoir
		Par caisse, mon capital versé en caisse.	
	A l'inventaire :		
A profits et pertes, perte.		Ou par profits et pertes, bénéfice.	

171. Le Compte de Profits et Pertes reçoit, comme je l'ai dit ci-dessus, dans l'intervalle d'un inventaire à l'autre, les bénéfices ou les pertes de tout genre, les frais de commerce, etc. A l'inventaire général les bénéfices ou les pertes, résultant des comptes de commerce (Marchandises et autres) sont portés au compte de Profits et Pertes, qui est lui-même soldé par celui de Capital.

Doivent	PROFITS ET PERTES		Avoir
Pertes de tout genre.		Bénéfices de tout genre.	
	A l'inventaire :		

après avoir soldé les subdivisions du présent compte (voyez ci-après) :

A capital, bénéfice net.	Ou par capital, perte nette.

Pour se rendre compte du montant de chaque espèce de frais occasionnés par le commerce et de certains bénéfices obtenus, on subdivise le compte de Profits et Pertes en plusieurs autres comptes. Ces subdivisions sont : Frais généraux, Dépenses de maison, Escomptes et Rabais, Commissions, Intérêts, etc. A l'inventaire général, tous ces comptes sont soldés par celui de Profits et Pertes.

172. Le Compte de Frais généraux est la subdivision de celui de Profits et Pertes qui reçoit au Débit l'inscription des loyers de bureaux et de magasins, des frais de transport des marchandises, des appointements payés aux employés et aux domestiques, des frais de chauffage, d'éclairage, de correspondance, etc. Si certains frais nous étaient remboursés, on les porterait au crédit de ce compte.

Doivent	FRAIS GÉNÉRAUX	Avoir
Loyer des bureaux et magasins.		Ports et frais recouvrés.
Transport des marchandises.		Loyer reçu pour une partie du local sous-loué, etc.
Fournitures de bureaux.		
Ports de lettres.		
Chauffage et éclairage.		
Appointements.		
Frais de voyages.		
Contributions du commerçant.		
Assurances, etc.		

A l'inventaire :

Par profits et pertes, solde.

173. Le Compte d'Escomptes et Rabais est une autre subdivision de Profits et Pertes que le commerçant débite des réductions qu'il accorde à ses correspondants sur ses propres factures et des frais de négociations que les banquiers lui comptent sur ses remises d'effets; il crédite ce compte des escomptes et rabais qu'il a lui-même obtenus, et à l'inventaire général il le solde par Profits et Pertes. Dans les maisons de banque, ce compte est crédité des escomptes prélevés sur les remises d'effets des correspondants.

Doivent	ESCOMPTES ET RABAIS	Avoir
Escomptes et rabais accordés.		Escomptes et rabais obtenus.

A l'inventaire :

A profits et pertes, solde.		Ou par profits et pertes, solde.

174. Le Compte de Dépenses de maison reçoit au Débit le montant des sommes prélevées par le commerçant pour les dépenses de son ménage, et au Crédit ce qui lui a été remboursé sur ces frais. A l'inventaire général ce compte est soldé, comme le précédent, par Profits et Pertes.

Doivent	DÉPENSES DE MAISON	Avoir
Frais de ménage.		Pension reçue.
Dépenses particulières.		

A l'inventaire :

		Par profits et pertes, solde.

175. Le Compte de Commissions est une subdivision de Profits et Pertes qu'on tient dans les maisons où l'on fait la commission, c'est-à-dire où l'on reçoit des marchandises à vendre pour le compte d'autrui. On le débite des frais occasionnés par ces opérations, on le crédite des commissions qu'on y a prélevées, et à l'inventaire on le solde par Profits et Pertes.

Doivent	COMMISSIONS	Avoir
Ports, transport, etc.	Commissions prélevées.	
	A l'inventaire :	
A profits et pertes, solde.	Ou par profits et pertes, solde.	

176. Le Compte d'Intérêts est débité des intérêts que le commerçant doit, et crédité de ceux qui lui sont dus. A l'inventaire général, le solde va également à Profits et Pertes.

Doivent	INTÉRÊTS	Avoir
Intérêts que je dois.	Intérêts qui me sont dus.	
	A l'inventaire :	
A profits et pertes, solde.	Ou par profits et pertes, solde.	

177. Les Comptes de Balance de Sortie et de Balance d'Entrée sont, comme celui de Profits et Pertes, des représentants du Compte de Capital. En faisant son inventaire général, le commerçant débite le compte de Balance de Sortie des marchandises en magasin, des espèces en caisse, des effets en portefeuille, de ses meubles et immeubles, et de ce que lui doivent ses correspondants.

Et il le crédite des effets à payer en circulation et de ce qu'il doit à ses créanciers.

En un mot, il balance tous les comptes débiteurs et créditeurs par celui de Balance de Sortie, dont la différence du Débit au Crédit représente le capital.

Après avoir balancé ainsi tous les comptes, on les arrête en tirant des traits sous les additions au Débit et au Crédit, puis, si l'on veut continuer les opérations, on ouvre ces comptes à nouveau par BALANCE D'ENTRÉE. Les comptes composant l'Actif reprennent alors leurs places respectives au Débit, tandis que ceux formant le Passif retournent au Crédit.

On pourrait solder et rouvrir tous les comptes par celui de Capital, mais l'usage a consacré la création des comptes accessoires de Balance de Sortie et d'Entrée.

178. Lorsqu'un commerçant se retire des affaires, lorsqu'une société commerciale se dissout, pour une cause quelconque, et qu'un successeur est chargé de la liquidation, on fait l'inventaire et on solde les comptes par celui de LIQUIDATION au lieu de les solder par Balance de sortie. Alors, ce compte de Liquidation, qui reste le dernier et représente le commerçant retiré ou la société dissoute, reçoit le montant de toutes les valeurs capitalisées.

179. Exercices.

Donnez des explications sur les comptes traités dans les n° 163 à 178.

XII

VÉRIFICATION ET CONSERVATION DES ACTES COMMERCIAUX

180. Toute opération commerciale (sauf les petites ventes en détail) doit être constatée par un document (ACTE COMMERCIAL) qui sert de base à l'inscription des articles et d'appui en cas de contestation; de là le nom de PIÈCES A L'APPUI. Or, avant d'inscrire ces pièces dans les registres, on doit s'assurer de l'exactitude de leur contenu (les vérifier), et après en avoir passé les écritures, il faut les placer convenablement et avec ordre (les conserver), afin qu'en cas de besoin on puisse les retrouver sans dérangement et sans perte de temps.

Les principaux actes commerciaux sont : Les actes de société, les reçus de toutes espèces, les factures, les bordereaux, les extraits de comptes courants, les lettres, etc. Il faut que le teneur de livres ait une parfaite connaissance de la rédaction de ces actes pour pouvoir en apprécier la validité.

181. Dans les maisons de commerce formées par des sociétés, il faut que les écritures s'accordent bien avec les conditions stipulées dans les actes de société; il faut que le teneur de livres en prenne connaissance et s'y conforme pour ce qui concerne ses attributions. Quant aux autres actes commerciaux, aucun ne doit sortir d'une maison sans avoir été préalablement vérifié et inscrit dans les livres auxiliaires. Les quantités, les prix, les sommes et dates des reçus, factures, bordereaux, etc., doivent être revus et par conséquent porter un signe de vérification, ainsi que le folio du livre où ils ont été inscrits. Les employés chargés de remettre ces pièces aux correspondants, soit de la main à la main, soit dans des lettres ou dans des paquets, doivent s'assurer si elles portent ces marques et si la signature de qui de droit se trouve sur celles qui doivent être signées.

En parlant de la vérification des pièces de Caisse, j'appellerai l'attention des caissiers sur une habitude qu'ils feront bien de contracter pour éviter les excédants et les manquants de caisse provenant de ce que des recettes ou des payements n'ont pas été inscrits immédiatement au livre de caisse : il est bon, toutes les fois que la chose est praticable, d'inscrire les sommes avant de les donner ou de les recevoir.

182. Les pièces fournies par nos correspondants se vérifient de cette manière : Dans les reçus de payements d'espèces, de remises d'effets ou d'autres objets, on doit s'assurer de l'exactitude des sommes, du nombre des articles remis, de la date et de la signature.

Lorsqu'on reçoit une facture, on la compare d'abord à la lettre de commande, pour s'assurer que celle-ci a été bien suivie; puis, en déballant les colis, on vérifie les quantités des marchandises énoncées dans la facture; ensuite on compare les prix aux prix-courants des correspondants ou aux prix indiqués dans la commande, et enfin on s'assure de l'exactitude des sommes en multipliant les quantités par les prix et en repassant les additions.

Dans les bordereaux d'effets et de valeurs de toutes espèces, on vérifie la somme, l'échéance et le lieu de payement, ainsi que le timbre et l'endossement de chaque effet, afin d'éviter qu'aucune valeur irrégulière n'entre dans le portefeuille. Si un bordereau contient des effets impayés ou protestés, il faut voir si ces effets portent le motif de refus (preuve qu'ils ont été réellement présentés aux tirés ou souscripteurs), ou si le protêt a été fait à bonne date (le lendemain de l'échéance).

Les lettres qui annoncent des traites ou des remises pour solde de factures ou de comptes, doivent être confrontées à nos livres, afin de nous assurer que ces règlements sont d'accord avec nos écritures et avec les conditions arrêtées entre nous et nos correspondants. En lisant les lettres qui contiennent des indications d'écritures à passer, le chef de la maison ou son représentant souligne à l'encre rouge les phrases et les sommes à inscrire, ou y appose un timbre destiné à recevoir le folio du registre où ils seront portés, afin d'y attirer l'attention du teneur de livres.

Les opérations faites verbalement par le chef de la maison ou par son représentant doivent être constatées par des notes écrites. Les indications verbales fournies au teneur de livres peuvent donner lieu à des erreurs.

Dans les extraits des comptes courants portant intérêts, il faut vérifier les sommes et leurs valeurs, l'époque, le nombre de jours, les nombres ou les intérêts, les changes, les commissions et autres frais, ainsi que les additions.

183. Pour indiquer qu'une pièce a été vérifiée, on met à côté de chaque somme trouvée exacte un point ou un signe quelconque; les chiffres erronés sont corrigés à l'encre rouge.

184. Le classement et la conservation des actes commerciaux se fait de la manière suivante :

Pendant une année commerciale, on place les lettres et pièces dans un casier à compartiments rangés par ordre alphabétique, dont j'ai déjà parlé n° 145.

Lorsqu'on a fait l'inventaire général, on réunit en liasse toutes les pièces d'un même correspondant, classées par ordre de dates, puis on place par ordre alphabétique toutes les liasses dans un carton ou dans une ou plusieurs cases sur lesquelles on indique le contenu par des étiquettes.

185. Mais comme il ne s'agit pas seulement de placer les pièces, mais de les conserver, il faut bien remettre à leur place celles qu'on pourrait avoir besoin de consulter. Si l'on ne pouvait pas les y remettre immédiatement, ou si elles devaient sortir de nos mains, on les remplacerait momentanément par des notes désignant, avec la date, le motif pour lequel ces pièces ont été prises, et indiquant entre les mains de qui elles se trouvent.

186. Exercices.

Sur quoi doit reposer l'inscription de tout article? Comment le commerçant vérifie-t-il ses actes de commerce? Comment ceux de ses correspondants? Comment indique-t-on qu'une pièce a été vérifiée? Comment classe-t-on les actes de commerce pour les conserver? Que fait-on lorsqu'une pièce sort momentanément de nos mains?

XIII

INSCRIPTION DES OPÉRATIONS

187. Avant d'inscrire un article, soit dans un livre auxiliaire, soit au Journal, il faut se poser les trois questions suivantes :

1° Qui est-ce qui ou quel compte reçoit?

2° Qui est-ce qui ou quel compte donne?

3° Que donne-t-on?

La réponse à la première question indique le débiteur;

La réponse à la seconde, le créditeur;

La réponse à la troisième, l'opération. Exemple :

Je vends à F. Cuvier 200 k⁰⁵ café à f. 3.......... f. 600 »

Qui est-ce qui reçoit? F. Cuvier.

Qui est-ce qui donne? Le compte de Marchandises.

Qu'est-ce qu'on donne? 200 kilos de café à 3 fr., 600 fr.

188. Chaque article du Journal se compose de deux parties distinctes, savoir :

1° L'indication des comptes à débiter et à créditer, et

2° L'explication de l'opération.

Les réponses aux deux premières questions ci-dessus donnent les renseignements de la première partie, et la réponse à la troisième question, les indications de la seconde partie. Ainsi, dans l'exemple ci-dessus, F. Cuvier reçoit : il est débiteur. Le compte de Marchandises donne : il est créditeur. Donc

F. Cuvier (doit) A Marchandises

Voilà la première partie de l'article,

Quant à la seconde, il faut qu'une explication claire et concise puisse fournir sur chaque opération tous les renseignements dont on peut avoir besoin, sans qu'on soit obligé d'avoir recours aux actes commerciaux. Exemple :

> Valeur à trois mois ou 5 %,
> 200 k^{os} café à 3 fr....................... 600 fr.

Nous passerons de suite à l'inscription des articles au Journal, car lorsqu'on sait tenir ce registre, on peut tenir le Grand-Livre, qui est basé sur le Journal et les livres auxiliaires qui fournissent les éléments de celui-ci.

189. La rédaction des articles du Journal varie suivant les maisons de commerce, et il n'y a aucun espoir qu'à cet égard on arrive jamais à une méthode uniforme. Le Code de commerce ne prescrit à cet effet rien de positif. Le législateur ne pouvait pas donner des formules pour les nombreuses opérations qui peuvent avoir lieu dans le commerce, et il a laissé à chaque négociant le soin de les inscrire suivant ses propres idées. Il serait, sans doute, bien désirable que celui qui fait de la tenue des livres sa profession, pût, en quittant une maison et en entrant dans une autre, continuer immédiatement les écritures, sans faire préalablement une étude de la comptabilité de son nouveau patron, mais puisque le mal existe, c'est aux employés d'en prendre leur parti et de le faire tourner en bien en se perfectionnant le plus possible dans l'art de la comptabilité.

190. On divise les articles du Journal en articles simples et en articles composés.

On appelle article simple celui qui n'a qu'un seul débiteur et un seul créditeur. Exemple :

F. Nogaret a Marchandises.

On appelle article composé celui qui a plusieurs débiteurs ou plusieurs créditeurs. Il peut se faire de trois manières différentes :

1° Un seul débiteur et plusieurs créditeurs. Exemple :

F. Nogaret a Divers;

2° Plusieurs débiteurs et un seul créditeur. Exemple :

Divers a F. Nogaret;

3° Plusieurs débiteurs et plusieurs créditeurs. Exemple :

Divers a Divers.

Au lieu du mot Divers on peut aussi employer celui de : Les Suivants aux Suivants, ce qui est à peu près indifférent. Cependant je préfère le mot Divers, parce qu'on est obligé de l'employer au Grand-Livre, lors même qu'on se sert des mots les Suivants au Journal.

101. Plusieurs opérations du même genre, ayant rapport à un même compte et ayant été faites le même jour, doivent être réunies en un seul article, ce qui a ordinairement lieu pour les opérations de caisse (recettes et payements), remises d'effets, entrées et sorties de marchandises, etc.

L'ordre dans lequel on passe les articles au Journal

est ordinairement le suivant : les achats et les ventes de marchandises, les recettes et les payements d'espèces, l'entrée et la sortie des effets, les articles de mobilier, de frais généraux, de profits et pertes, etc. Il n'y a là cependant rien d'absolu, et l'on peut commencer par les articles de caisse ou d'autres, pourvu que les opérations du même genre soient réunies.

192. Exercices.

Comment faut-il analyser les opérations avant de les inscrire? De combien de parties se compose chaque article? Donnez des exemples. La rédaction des articles du Journal est-elle la même dans toutes les maisons? Combien de sortes d'articles distingue-t-on au Journal? Qu'est-ce qu'un article simple? Qu'est-ce qu'un article composé? Donnez des exemples.

XIV

RÉDACTION DES ARTICLES DU JOURNAL

APERÇU DES PRINCIPALES OPÉRATIONS

193. I. Articles simples.

1. Achat de marchandises contre des espèces :

MARCHANDISES A CAISSE (1)
pour achat au comptant de
2,000 k°° sucre de canne à f. 1.20..... f. 2,400

---

(1) On écrit ordinairement les titres des comptes débiteurs en anglaise de moyenne grandeur, les titres des comptes créditeurs en ronde, et les explications des articles en petite anglaise.

2. Achat de marchandises contre des effets à recevoir :

MARCHANDISES A EFFETS A RECEVOIR
    pour achat au comptant de C. Dubois de c/ v/
    2,000 k° sucre à 1.20   f. 2 400 »
    que je lui ai soldés comme suit :
    N° 270 Lyon,   20 août f. 1 500 » }
    N° 275 Marseille, 31 août   900 » } f. 2 400 »

3. Achat de marchandises contre des billets :

MARCHANDISES A EFFETS A PAYER
    Pour achat de C. Dubois de c/ v/ de
    2,000 k° sucre à 1.20   f. 2 400 »
    dont je lui ai soldé la facture en mon billet
    à s/ o/ au 25 septembre............... f. 2 400 »

4. Achat de marchandises à crédit :

MARCHANDISES A DUBOIS, AU HAVRE
    sa facture du 5 courant,
    valeur à 3 mois ou 6 °/₀ à
    200 k° café Bourbon à 2.10 f. 420 » }
    300 k° sucre de canne à 1.20   360 » } f. 780 »

5. Achat de meubles contre des espèces :

MOBILIER A CAISSE
    pour achat au comptant
    d'un bureau d'acajou...... fr. 160 » }
    de 6 chaises à f. 7 l'une...   42 » } f. 202 »

6. Achat de meubles contre des effets à recevoir :

MOBILIER A EFFETS A RECEVOIR
    pour achat à L. Marc de s/ c/,
    d'un bureau d'acajou f. 160 » }
    de 6 chaises à f. 7 l'une   42 » } 202 »

dont je lui ai soldé la facture par la remise
N° 271, Nancy, 2 jours de vue......... f.   202 »

7. Achat de meubles contre des billets :

MOBILIER A EFFETS A PAYER
    pour achats, etc., comme au N° 6 f. 202 »
    dont je lui ai soldé, etc., comme au N° 6. f.   202 »

8. Achat de meubles à crédit :

MOBILIER A L. MARC DE c/ v/
    sa facture du 5 courant à
    un bureau d'acajou........ f. 160 »⎫
    6 chaises de bureau à f. 7.   42 »⎭ f.   202 »

9. Achat d'immeubles contre des espèces :

IMMEUBLES A CAISSE
    pour achat au comptant à F. LAURENT de
    c/ v/ d'un jardin fleuriste situé.... con-
    tenant... conformément au contrat d'achat
    passé aujourd'hui................ f. 1 500 »

10. Achat d'immeubles contre des effets :

IMMEUBLES A EFFETS A RECEVOIR
    pour achat, etc., voy. N° 9 f. 1 500 »
    que je lui ai soldés, etc., voy. N° 2...... f. 1 500 »

11. Achat d'immeubles contre des billets :

IMMEUBLES A EFFETS A PAYER
    pour achat, etc., voy. N° 9 f. 1 500 »
    que je lui ai soldés, etc., voy. N° 3...... f. 1 500 »

12. Achat d'immeubles à crédit :

IMMEUBLES A F. LAURENT DE c/ v/
    pour achat d'un jardin fleuriste situé...
    contenant... payable en deux payements
    égaux, savoir :
    le 31 décembre prochain... f. 750 »
    le 30 juin suivant.........   750 »   f. 1 500 »
    le tout conformément au contrat d'achat
    passé aujourd'hui.

13. Achat de fournitures de bureau :

FRAIS GÉNÉRAUX A CAISSE
    pour achat de registres, papiers, plumes,
    encre, canif, ciseaux, timbres-poste, etc. f.   50 »

14. Acceptation de traites tirées sur moi :

NOTE. — M. DUBOIS, du Havre, fournit sur moi une traite à l'ordre
de C. BORD au 5 octobre, pour solde de sa facture du 5 courant
(voy. N° 4), et il me fait présenter cette traite à l'acceptation. Je
l'accepte et en passe écriture comme suit :

DUBOIS, au Havre, A ÉFFETS A PAYER
    sa traite que j'ai acceptée aujourd'hui
    o/ C. BORD, au 5 octobre, pour solde de sa
    facture du 5 courant.................. f.   741 »

15. Contre-partie d'un article passé par erreur :

TEL A TEL (indiquer ici les comptes)
    pour annuler mon article du... passé par
    erreur, et faisant double emploi avec
    celui du, etc.........................

16. Disposition sur un correspondant.

NOTE. — LEBRUN, de Rouen, me doit f. 1 100 pour ma facture du 15 courant. Je fais traite sur lui et en passe écriture de la manière ci-après :

> EFFETS A RECEVOIR A LEBRUN, A ROUEN
> ma traite sur lui pour solde de ma facture
> du 15 courant, N° 280, Rouen, 31 courant. f. 1 100 »

17. Escompte ou rabais accordé.

> PROFITS ET PERTES (1) A LEBRUN, A ROUEN
> pour escompte de 5 % (ou pour rabais)
> sur ma facture du 15 courant. . . . . f. 55 »

18. Escompte prélevé par un banquier sur des effets que nous lui avons remis :

> PROFITS ET PERTES (2) A OPPERMANN
> pour escompte et change sur ma re-
> mise du . . . . . . suivant son bordereau. f. 67 25

19. Escompte ou rabais obtenu :

> DUBOIS, au Havre, A PROFITS ET PERTES (3)
> pour escompte de 5 % sur sa facture du
> 5 courant. . . . . f. 39 »

20. Héritage ou don reçu :

> CAISSE (4) A PROFITS ET PERTES
> pour ce que j'ai reçu de la succession de
> feu C. LEGROS, mon oncle, suivant sa
> disposition testamentaire. . . . . f. 20 000 »

(1, 2, 3) Si l'on avait un compte spécial à Escomptes et Rabais, on y porterait ces articles, au lieu de les porter à Profits et Pertes.

(4) Ou tout autre compte qui reçoit.

21. Intérêts dus à un correspondant :

PROFITS ET PERTES (1) A N. ROUSSEL
  pour intérêts de 6 mois échus ce jour, à
  5 % l'an, sur f. 6 000 que je lui dois...   f.   150   »

22. Intérêts me revenant sur un compte :

OPPERMANN A PROFITS ET PERTES (2)
  pour intérêts à 4 % l'an me revenant s/ m/
  cᵗᵉ cᵗ arrêté chez lui au 31 mars dernier...   f.   105   »

23. Payement d'une facture ou d'un compte :

Mᵉˢ LEBRUN, à Rouen, A CAISSE
  mon payement pour solde de s/ facture du
  20 février dernier (ou pour solde de tout
  compte à ce jour).....................   f.   1 100   »

24. Payement d'un billet ou d'un effet accepté :

Mᵉˢ EFFETS A PAYER A CAISSE
  payement de mon billet sur H. DUBOIS
  (ou de la traite H. Dubois acceptée par moi)
  échu ce jour..........................   f.   1.045   »

25. Payement d'une traite non acceptée :

A. CUVIER, à Nantes, A CAISSE
  mon payement de sa traite pour solde de
  sa facture du 3 courant...............   f.   800   »

26. Payement de transport de marchandises :

FRAIS GÉNÉRAUX A CAISSE
  mon payement d'une lettre de voiture de
  200 kⁱ café et 300 kᵒˢ sucre H. D.....   f.   47 50

____

(1, 2) Si l'on avait ouvert un compte à intérêts, on y porterait cet article.

27. Payement de loyer, contributions, assurance, appointements, ports de lettres et autres dépenses se rapportant directement au commerce :

FRAIS GÉNÉRAUX **A CAISSE**
pour le payement de..................

28. Prélèvement du commerçant pour ses dépenses de maison :

DÉPENSES DE MAISON **A CAISSE**
mon prélèvement pour les dépenses de
ma maison........................... f.   430 »

29. Perte d'une créance :

PROFITS ET PERTES **A S. MARTIN**
Perte sur ce compte, S. MARTIN étant
insolvable........................... f.   225 »

30. Recette d'espèces pour solde d'une facture ou d'un compte :

CAISSE **A F. MONTBRUN**
son payement pour solde de ma facture
du 28 février dernier (ou de tout compte
à ce jour)........................... f.   680 »

31. Recette d'effets :

EFFETS A RECEVOIR **A LEBRUN**, à Rouen
sa remise pour solde
Paris, 30 avril......... f.   500 » ⎫
Lyon, 15 mai.......... 1 000 » ⎬ f. 2 000 »
Nantes, 31 mai......... 500 » ⎭

32. Retour d'une traite impayée :

LEBRUN, à Rouen, A OPPERMANN
    retour de ma traite impayée sur LEBRUN,
    au 31 mai et frais..................... f. 1 100 60

33. Remise d'effets :

OPPERMANN A EFFETS A RECEVOIR
    ma remise, valeur en compte,
    N° 277, Lyon, 30 avril..... f. 500 »⎫
    N° 280, Marseille, 15 mai..   700 »⎬ f. 2 000 »
    N° 281, Nantes, 31 mai...   800 »⎭

34. Vente de marchandises contre des espèces :

CAISSE A MARCHANDISES
    Pour vente au comptant de
    2,000 k°ˢ sucre à 1.20................ f. 2 400

35. Vente de marchandises contre des effets :

EFFETS A RECEVOIR A MARCHANDISES
    pour vente au comptant
    à C. MEYNADIER de c/ v/
    200 k°ˢ sucre à 1.25 f. 250 »⎫
    200 k°ˢ café à 2.60   520 »⎬ f. 770 »
    qu'il m'a soldés comme suit :
    Marseille, 15 mai......... f. 200 »⎫
    Bordeaux, 31 mai.........   570 »⎬ f.   770 »

36. Vente de marchandises à crédit :

LEBRUN, de Rouen, A MARCHANDISES
    valeur à 3 mois ou 5 %
    200 k°ˢ sucre à 1.20...... f. 240 »⎫
    300 k°ˢ café à 2.75.....   825 »⎬ f. 1 065 »

37. Vente d'immeubles contre des espèces :

CAISSE A IMMEUBLES
   pour vente au comptant à C. PETIT, de
   c/ v/, d'un jardin fleuriste situé... contenant... conformément à l'acte de vente
   passé ce jour............................... f.   650   »

38. Vente d'immeubles à crédit :

C. PETIT, de c/ v/, A IMMEUBLES
   pour vente d'une maison sise rue...
   N°... payable... conformément à l'acte
   de vente passé ce jour............... f. 30 000   »

39. Versement d'espèces chez un banquier :

OPPERMANN A CAISSE
   pour mon versement espèces valeur en
   compte...................................... f. 10 000   »

II. Articles composés.

Si mes lecteurs ont bien compris la rédaction des articles simples, celle des articles composés n'offrira plus
de difficultés. Quelques exemples suffiront pour en donner la clef.

40. Je règle à C. DUBOIS, de Lille, une facture de fr. 1 100.
   Je déduis de cette somme l'escompte de 3 %, soit fr. 33,
   et je lui envoie un billet de banque de fr. 500, et mon
   billet à son ordre au 30 courant de fr. 567.

Analysons cette opération.

Qui est-ce qui reçoit?—C. Dubois, de Lille. C'est donc lui qui est débiteur.

Quels comptes donnent? — Ce sont les comptes suivants :

1° La Caisse; elle donne un billet de banque de fr. 500 ;

2° Effets à payer; mon billet de fr. 567 au 31 courant;

3° Profits et pertes; je retiens pour escompte de 3 %, fr. 33, dont j'augmente mon capital et dont je diminue le montant de la facture de C. Dubois. Je crédite donc de ces fr. 33, non le compte de capital, mais celui qui le représente pendant l'année commerciale, savoir Profits et Pertes (ou celui qui en est la subdivision, Escomptes et rabais, si l'on tient ce compte.)

Voici comment je passe écriture de ce règlement :

J'inscris au Livre de caisse la remise du billet de banque :

PAR C. DUBOIS, ma remise pour solde en un
   B/ de B/...............................• f.   500   »

À la Main-Courante j'écris :

C. DUBOIS, de Lille, A DIVERS
   pour solde de sa facture du.............
A EFFETS A PAYER
   mon billet à s/ o/ au 31 c'..... 567 »
A PROFITS ET PERTES   } f.   600   »
   3 %, sur ladite facture......... 33 »

Le lendemain, je réunis le tout en un seul article au Journal :

C. Dubois, de Lille, A DIVERS
    pour solde de sa facture du...............
A CAISSE
    ma remise en un Billet de B/...   500 »
A EFFETS A PAYER
    m/ billet à s/ o/ au 30 c^t......   567 »   f. 1 100 »
A PROFITS ET PERTES
    escompte 3 % sur ladite f^{re}.... 33 »

41. A. Lebrun, de Rouen, me règle une facture de f. 2 850.
    Il me remet f. 1 000 en un billet de banque, f. 1 707 50
    en deux effets sur Paris et retient pour escompte de 5 %
    f. 142 50.

Les comptes qui reçoivent sont :

1° La Caisse : un billet de banque de fr. 1000 ;

2° Effets à recevoir : deux effets montant ensemble à
fr. 1707 50 ;

3° Profits et pertes : mon capital se trouve diminué de
fr. 142 50 pour escompte qu'on me retient, j'en débite
donc Profits et pertes.

Qui est-ce qui donne ? — A. Lebrun.

Je porte la recette du billet de banque au Livre de
Caisse, celle des effets ainsi que l'escompte à la Main-
Courante, et le lendemain je passe au Journal l'article
suivant :

Divers A A. LEBRUN, de Rouen
    pour solde de ma facture du 5 courant....
CAISSE
    sa remise en Billet de B/.... 1 000 »
EFFETS A RECEVOIR
    Paris, à vue   1 500 »
    »   30 courant   207 50   1 707 50   f. 2 850 »
PROFITS ET PERTES
    5 % sur ladite facture...... 142 50

C'est ainsi qu'on réunit ordinairement les recettes, les payements, les achats, les ventes, etc., d'une même journée, en passant des articles composés avec ces titres en tête : CAISSE A DIVERS (ou aux Suivants), pour les recettes de ce jour ; DIVERS A MARCHANDISES, pour les ventes de ce jour, etc.

42. Les articles de DIVERS A DIVERS sont ceux qui embarrassent le plus les élèves. Voici quelques instructions qui en faciliteront l'étude :

1° Dans les articles de Divers à Divers, on réunit ordinairement, pour abréger le travail, toutes les opérations d'un même jour ;

2° On inscrit d'abord tous les articles débiteurs à la suite les uns des autres ; on en fait l'addition et on pose le total dans l'avant-dernière colonne ;

3° On passe de même les articles créditeurs ; on les additionne également, et l'on porte le total qui doit être égal à celui des articles débiteurs à la dernière colonne ;

4° Les détails des opérations accompagnent non les titres des comptes généraux, mais les titres des comptes personnels. (Voyez ci-après A.)

Comme indication pratique, je dirai aux commençants de prendre la précaution de recueillir d'abord sur une feuille volante les comptes débiteurs avec les sommes, ainsi que les comptes créditeurs, et de ne commencer leur article qu'après s'être assurés que les deux totaux sont égaux.

Pour exemple, je réunirai les deux articles ci-dessus :

DIVERS À DIVERS
  pour les opérations de ce jour. . . . .
C. DUBOIS, de Lille
  pour solde de sa facture du. . . . .
  (A) ma remise en un billet de ban-
     que. . . . . 500 »
    ma remise en mon
     billet au au 30 c^t. 567 »   f. 1 100 »
    escompte de 3% . . . . 33 »

CAISSE
  remise de A. LEBRUN, B/ de B/. . . . . f. 1 000 »
EFFETS À RECEVOIR
  remise de A. LEBRUN. . . . . f. 1 707 50
PROFITS ET PERTES
  escompte de 5 %/° accordé à LEBRUN.. f. 142 50
                              f. 3 950 »

À CAISSE
  ma remise à DUBOIS en B/ de B/. . . . f. 500 »
À EFFETS À PAYER
  mon billet o/ DUBOIS au 30 c^t. . . . . . . f. 567 »
À PROFITS ET PERTES
  escompte 3 % sur la facture DUBOIS. f. 33 »
A. LEBRUN, de Rouen
  pour solde de ma fact^{re} du 5 courant.
  (A) s/ rem/ en un B/ de B/ 1 000 »
    »   Paris, vue. . . . . 1 500 »
    »   » 30 c^t. . . 207 50   f. 2 850 »
  escompte de 5 %. . . . . . . 142 50   3 9..0

III. Rédaction des articles aux livres auxiliaires.

194 Pour pouvoir rédiger les articles au Journal,
ainsi que je l'ai démontré à partir du n° 189, il faut que

les éléments nécessaires à cette rédaction se trouvent aux livres auxiliaires.

Pour ce qui concerne le Livre de Caisse, on sait que tous les articles inscrits à ce livre doivent être portés au compte de Caisse; il n'y a donc pour chaque opération qu'un compte à indiquer, savoir : le compte créditeur pour une recette, et le compte débiteur pour un payement, ce qui permet de réduire chaque article à une seule ligne. Prenons pour exemples les numéros 30 et 1er de l'aperçu des principales opérations ci-dessus :

30. A Montbrun, s/ payem^t p^r m/ f^re du 28 févr. f.   680   »

1. Par Marchandises, 2 000 k^os sucre à f. 1 20. f. 2 400   »

L'indication de ces deux articles, dont l'un se trouve au débit et l'autre au crédit du Livre de Caisse, suffit pour rédiger au Journal deux articles ainsi conçus :

N° 30. — Caisse a MONTBRUN
      s/ payement pour ma f^re du 28 février
      dernier .... f.   680   »

N° 1. — Marchandises a CAISSE
      pour achat au comptant de 2 000 k^os
      sucre de canne, à f. 1 20........ f. 2 400   »

Lorsqu'on a passé un article au Journal, on le marque immédiatement à la Caisse, soit du folio du Journal, soit d'un point ou d'un trait, afin de ne pas le porter une seconde fois.

195. A la Main-Courante on rédige les articles comme au Journal, c'est là le meilleur moyen pour faciliter la tenue de ce dernier registre. Ici comme à la Caisse ou

écrit côté de chaque article passé au Journal le folio de ce livre.

196. Si la Main-Courante était divisée en plusieurs registres, ainsi que je l'ai indiqué au n° 141, chacune de ces subdivisions recevrait les notes des opérations auxquelles elle est destinée. (Voyez n°ˢ 147 et 155.)

Je ne dirai que quelques mots du Livre de traites et remises. Ce registre peut être tenu comme un Livre de Caisse, contenant l'entrée des effets à gauche et la sortie à droite, par exemple :

EFFETS A RECEVOIR — **JANVIER 1862.**

Doivent				Avoir			
11	A Belin, à Châlons, sa rem/ pour ma facture du 4 décembre. Paris, 10 févr. ✝ . 450 40) — 15 — ... 727 10)	1 177	50	21	Par Lenoir, à Marseille, m/ rem/ pour solde, N° 45, Marseille, 31 cou- rant........ 2 700 ») N° 60, Paris, 10 février...... 450 40)	3 150	40
20	A Leblanc, de c/ v/, sa rem/ val. en compte, Marseille, 31 courant....	2 700	»	31	Balance.............	727	10
		3 877	50			3 877	50
	FÉVRIER 1862.						
1	Effets en portefeuille........	727	10				

197. Exercices.

Comment doivent être rédigés les articles au Livre de Caisse? Comment, à la Main-Courante ou à ses subdivisions?

Rédigez à la Caisse et à la Main-courante les articles suivants : Vous remettez à M. Brun de Metz, pour solde de sa facture du 1er courant, un effet sur Metz de fr. 1000 à vue, et fr. 500 en espèces. M. Henry, de Nancy, vous remet un effet sur Paris de fr. 3000 à vue et fr. 1000 espèces, valeur en compte.

IV. Rédaction des articles au Grand-Livre.

198. Le Grand-Livre n'ayant pour but que de nous fournir des chiffres, tout détail minutieux du Journal y devient inutile. Chaque article n'occupe qu'une seule ligne contenant les parties désignées ci-après :

Date.	Titre du compte opposé (1).	Explication.	Folio du Journal.	Folio du compte opposé (1).	Somme.

Je prends pour exemple un payement de fr. 500 à C. Dubois, de cette ville, pour solde de tout compte à ce jour :

---

(1) On appelle compte opposé celui qui a été crédité pour un article inscrit au débit, ou le compte débiteur d'un article qu'on passe au crédit. (Voy. n°s 106 et 135.)

	Doit	C. DUBOIS	DE CETTE VILLE				Avoir	
1862 janv.	27	A Caisse, mon payement.	15	23	500	»		

23	Doit	CAISSE	CAISSE			Avoir	23	
			1862 janv.	27	Par C. Dubois, s/ payement.	15	10	500	»

199. Pour passer les écritures du Journal au Grand-Livre, on n'a qu'à ouvrir, à l'aide d'un répertoire, les comptes des différents articles et y opérer la transcription, en indiquant ensuite au Journal les folios respectifs de chaque compte. Exemple :

10/23. C. Dubois à CAISSE.

En disposant ainsi en forme de fraction (10/23) les folios du Grand-Livre, on porte celui du compte débiteur (10) au-dessus de la barre, et celui du compte créditeur (23) au-dessous.

200. La méthode d'avoir recours au répertoire pour chaque article n'est pas la plus commode, et voici comment on peut abréger le report des écritures du Journal au Grand-Livre : Lorsque tous les articles des divers livres auxiliaires sont inscrits au Journal, on écrit en regard de chaque titre de compte, à la première colonne à gauche, les folios de tous les comptes qui doivent être débités, et dans la seconde colonne, les folios de ceux qui doivent être crédités ; puis, à mesure qu'on porte un article au Grand-Livre, on met un point à côté du folio respectif. Exemple :

—	10.	Divers, a MARCHANDISES,
		pour mes factures de ce jour.
27.		L. Cabos, à Nancy,
		à 3 mois ou 5 %,
		32 m. drap noir, à 15 ». . 480 »
38		C. Schmidt, à Nérac, 730 »
		à 2 mois ou 3 %,
		50 m. mérinos, à 5 ». .. 250 »

Dans cet exemple, les deux premiers articles sont pointés et par conséquent passés au Grand-Livre ; le troisième reste à passer.

201. Dans les maisons où les écritures sont trop nombreuses, pour que le teneur du Journal puisse céder son registre jusqu'à ce que tous les articles soient portés au Grand-Livre, on a plusieurs moyens pour abréger le travail, dont voici quelques-uns qui sont le plus fréquemment employés :

1° On tient un Journal-Grand-Livre-Balance. Ce registre, dont je donne un aperçu à la fin de cet ouvrage, est disposé de manière à ce qu'à chaque folio la page de gauche reçoive les écritures du Journal, et la page de droite, celles du Grand-Livre: Ces dernières ne consistent qu'en sommes posées dans diverses colonnes commodément arrangées. Dans ce cas, le Grand-Livre proprement dit prend le nom de Comptes-Courants, et ne contient que le détail des comptes personnels.

2° On ne porte au Journal que le résumé de chaque opération, et l'on renvoie pour les détails aux livres auxiliaires, qui sont alors tenus très-proprement et régulièrement.

3° Ou l'on porte les articles des livres auxiliaires directement au Grand-Livre ; alors le teneur du Journal et celui du Grand-Livre peuvent travailler simultanément. Dans ce cas, le Journal n'a pour but que de fournir des renseignements et de satisfaire à la loi.

202. Exercices.

Comment est disposé le Grand-Livre? Comment y reporte-t-on les écritures du Journal? Y a-t-il plusieurs manières d'indiquer qu'un article du Journal est porté au Grand-Livre? Comment peut-on abréger les écritures de ces registres?

Passez au Grand-Livre les articles de l'exercice précédent.

XV.

EXERCICES DE COMPTABILITÉ.

Le 1er janvier 1862.

1. Je verse en caisse mon capital de fr. 30000.

2. J'achète un mobilier pour fr. 1200.

3. Je paye le loyer de trois mois de mes bureaux et magasins, fr. 350.

J'inscris ces opérations au Livre de Caisse.

4. J'achète des fournitures de bureau pour fr. 90, somme que je porte au carnet des Frais généraux.

Le 2 janvier.

5. J'écris à L. Durand, à Bordeaux, de m'expédier par le chemin de fer 2000 kil. café Bourbon à fr. 2.40, et 2000 kil. café Martinique à fr. 2.

6. J'écris à C. Bost, à Valenciennes, de m'expédier par le chemin de fer 8000 kil. sucre de canne à fr. 1.

J'inscris ces deux commandes au livre des Commandes données, après avoir copié mes lettres.

Le 3 janvier.

7. Je fais à la banque Oppermann, de cette ville, un versement espèces, valeur en compte, de fr. 25000, que j'inscris au Livre de Caisse.

Le 4 janvier.

8. Je prélève pour les dépenses de ma maison fr. 100, que je note au carnet des Dépenses de maison.

Le 7 janvier.

9. Je reçois le sucre de Valenciennes, et je paye pour transport, conformément à la lettre de voiture de C. Bost, de 8170 kil. bruts à fr. 1.25 les cent kilos et timbre, fr. 102.50.

Je l'inscris au carnet des Frais généraux.

Le 8 janvier.

10. Je reçois la facture de C. Bost, datée du 4 courant, et conçue ainsi : 8170 kil. bruts, tare 184 kilos; — net, 7986 kilos sucre à fr. 1 = fr. 7986, valeur à un mois ou 2 0/0.

Après vérification, ayant trouvé tout exact, j'inscris la facture à la Main-Courante et au livre de magasin. Je note aussi l'arrivée de cette marchandise au livre des Commandes données.

Le 10 janvier.

11. J'achète au comptant 2000 kil. riz à 25 c., fr. 500, que j'inscris au Livre de Caisse et à celui de Magasin.

Le 12 janvier.

12. Je reçois le café de Bordeaux, et je paye pour le transport de 4040 kil bruts à fr. 3 les cent kil. et timbre, fr. 121.45.

J'inscris ce payement au carnet des Frais généraux.

13. Je reçois en même temps la facture de E. Durand, datée du 5 courant : 2040 kil. bruts, tare 40 kil.; — net, 2000 kil. café Bourbon à fr. 2.10 = fr. 4200, et 2000 kil. café Martinique, à fr. 2 = fr. 4000; total, fr. 8200, valeur à trois mois ou 5 0/0.

Je passe écritures de cette facture à la Main-Courante et au livre de Magasin, et je note l'arrivée du café au livre des Commandes données.

Le 15 janvier.

14. Je reçois une commande de Lenoir, à Metz, de 1 000 kil. sucre à fr. 1.35 ; 200 kil. café Bourbon à fr. 2.80 et 200 kil. café Martinique à fr. 2.65.

J'inscris cette commande au livre des Commandes reçues.

Le 16 janvier.

15. J'expédie la commande ci-dessus et j'en porte à la Main-Courante la facture : 1 000 kil. sucre à fr. 1.35 = fr. 1350 ; 200 kil. café Bourbon à fr. 2.80 = fr. 560, et 200 kil. café Martinique à fr. 2.65 = fr. 530 ; emballage, fr. 10. Total, fr. 2450.

Je prends aussi note de cette expédition au livre de Magasin et à celui des Commandes reçues.

16. Je reçois de Maubert, à Châlons, une commande de 2000 kil. sucre à fr. 1.30 et 500 kil. café Bourbon à fr. 2.75, ce que j'inscris au livre des Commandes reçues.

Le 17 janvier.

17. Je fais l'expédition de la commande de Maubert, savoir : 2000 kil. sucre à fr. 1.30 = fr. 2600 et 500 kil. café Bourbon à fr. 2.75 = fr. 1375 ; emballage, fr. 10. Total, fr. 3985.

J'en fais la facture, que j'inscris à la Main-Courante, et dont je prends aussi note au livre des Commandes reçues, ainsi qu'au livre de Magasin.

Le 18 janvier.

18. Je vends au comptant 1 000 kil. sucre à fr. 1.30 = fr. 1300, vente dont je passe écriture au Livre de Caisse et à celui de Magasin.

19. Je paye pour ports de lettres 80 c., et à un commissionnaire fr. 3.50.

Je note ces dépenses au carnet des Frais généraux.

Le 20 janvier.

21. Je reçois de Lenoir, à Metz, le règlement ci-après, pour solde de ma facture du 16 courant : un effet sur Paris, au 1er février, de fr. 1000 ; un autre sur Lyon, au 10 février, de fr. 1000, et son billet sur Metz, au 15 février, de fr. 327.50. Il retient pour escompte de 5 0/0 sur ladite facture, fr. 122.50 ; total, fr. 2450.

J'inscris cette remise à la Main-Courante et je copie les effets au livre à ce destiné.

Le 25 janvier.

21. Je demande à Oppermann un effet sur Valenciennes de fr. 6498.80 à vue. Je le reçois, je le copie et j'en passe écriture à la Main-Courante.

22. Je règle la facture de C. Bost à Valenciennes, du 4 courant, en lui remettant : un effet sur Valenciennes, à vue, de fr. 6498.80 ; sur Lyon, au 10 février, fr. 1000 ; sur Metz, au 15 février, fr. 327.50, et je retiens pour escompte de 2 0/0 sur ladite facture, fr. 159.70. Total, fr. 7986.

Le 26 janvier.

23. Je prélève, pour les dépenses de ma maison, fr. 100, dont je prends note au carnet à ce destiné.

Le 27 janvier.

24. Je vends et livre immédiatement à L. Bérard, de c/v/, 200 kil. café Bourbon à f. 2.75 = f. 550. Je lui en remets facture dont je passe écritures à la Main-Courante et au livre de magasin.

Le 29 janvier.

25. L. Bérard me paye ma facture du 27 courant, soit fr. 550, dont je passe écriture au Livre de Caisse.

Le 31 janvier.

26. Je porte au Livre de Caisse le total des dépenses de maison, fr. 200, et celui des frais gé-néraux, fr. 287.60, ainsi que le payement des appointements d'un mois de mon garçon de ma-gasin, soit fr. 100. Total, fr. 578.60.

Livre de copie d'effets à recevoir.

Nº	NAT.	SOUSCRIP.	DOMICI.	DATE	ORDRE	CÉDANT	ENTRÉE	TIRÉ	DOMICILE	ÉCHÉANCE	SOMME		CESSIONN.	SORTIE
		Lenoir.	Metz.	5 août	Lui-m.	Lenoir.	20 janv.	Leblanc	Paris.	1er févr.	1 000	»		
		Franc.	Nancy	10 »	Lenoir	»	»	D. Poy	Lyon	10 »	1 000	»	G. Bost.	25 jan.
	B.	Lenoir.	Metz	20 »	Moi-m.	»	»	Lenoir.	Metz	15 »	327	50	»	»
	T.	Opper-mann.	Paris.	25 »	Moi-m.	Opper-mann.	25 »	Ducros.	Valen-ciennes.	à vue.	5 498	80	»	»

Livre de magasin.

ENTRÉE						SORTIE					
Année		SUCRE						DE CANNE			
1862 janv.	16	(10) Reçu de P. Bost.	7 986	1	»	1862 janv.	16	(15) Livré à Lenoir. kg	1 000	1	35
							17	(17) Livré à Maubert.	2 000	1	30
							18	(18) Vendu comptant	1 000	1	30
RIZ						**RIZ**					
1862 janv.	10	(11) Reçu de Matthey.	2 000	»	25						
CAFÉ						**BOURBON**					
1862 janv.	12	(13) Reçu de L. Durand.	2 000	2	10	1862 janv.	16	(15) Livré à Lenoir.	200	2	80
							17	(17) — Maubert.	500	2	75
							27	(24) — Bérard.	200	2	75
CAFÉ						**MARTINIQUE**					
1862 janv.	12	(13) Reçu de L. Durand.	2 000	2	»	1862 janv.	16	(15) Livré à Lenoir.	200	2	65

Carnet des frais généraux.

JANVIER 1862.

1	(4)	Payé pour fournitures de bureau. . . .	50	»
7	(9)	— la lettre de voiture de C. Bost. . .	102	50
12	(12)	— — — L. Durand.	121	55
18	(19)	— pour ports de lettres	»	80
»	(19)	— à un commissionnaire.	3	50
		(Caisse folio 1.) C. f° 1.	278	35

Carnet des dépenses de maison.

JANVIER 1862.

4	(8)	Prélevé pour les dépenses de ma maison.	100	»
26	(23)	— — —	100	»
		(Caisse folio 1.) C. f° 1.	200	»

Nota. Les chiffres entre parenthèses devant les articles, sont les numéros d'ordre des exercices pages 138 à 142.

CAISSE — JANVIER 1862

Doit					Avoir	
1	(1) A Capital, mon capital versé en caisse.	30 000	»	1	(2) Par Mobilier, payé p. mab.	1 200	»

Doit				Avoir		
1	(1) A Capital, mon capital versé en caisse.	30 000	»	1	(2) Par Mobilier, payé p. mab.	1 200	»
18	(18) A Marchandises, reçu p. 100 kos sucre à 1 30.	1 300	»	»	(3) Par Frais généraux, payé trois mois de loyer. . .	330	»
9	(25) A L. Bérard, son payement pour solde. . . .	550	»	3	(7) Par Oppermann, mon versement val. en compte.	25 000	»
				10	(11) Par Marchandises, payé pour 2 000 kos riz à » 25.	500	»
				31	(26) Par Dépenses de maison, prélevé pendant ce mois.	200	»
				»	(26) Par Fr. gén. payé p. c. m.	278	60
				»	— au gar. de m.	100	»
					Bill. de B. 4 000 » Or. . . . . 200 » Monnaie . 21 40	4 221	40
Recettes : Total, f. 31 850 » Bal. » » »				Payements : Total, f. 31 850 » Bal. 4 221 40			
Recettes 31 850 »		31 850	»	Payem. 27 628 60		31 850	»

COMMANDES DONNÉES — COMMANDES REÇUES

9	1862 Janv.	2	(5) L. Durand, à Bordeaux	2000 kos café Bour. à 2 10	Janv. 12	1862 Janv.	15	(11) Lenoir, à Metz. . .	1000 kos sucre à. . . 1 35	Janv. 14		
				2000 — café Mart. à 3 »	» »				200 — café Bour. à 2 80	» »		
		2	(6) C. Bost, à Valences.	8000 — sucre à. . . 1 »	» 8		16	(16) Maubert, à Châlons.	200 — café Mart. à 2 65	» »	17	
									2000 — sucre à. . . 1 30	» »		
									500 — café Bour. à 1 75	» »		

Main-Courante.

JANVIER 1862.

——————— 8 ———————

(10) MARCHANDISES à C. BOST, de Va-
    lenciennes,
pour sa facture du 4 courant,
valeur à un mois ou 2 %,
7986 kᵒˢ sucre à fr. 1 » ....   7986 | »

——————— 12 ———————

(13) MARCHANDISES A L. DURAND, de Bordeaux
pour sa facture du 5 courant,
valeur à trois mois ou 5 %,
2000 kᵒˢ café Bourbon à 2 10 4200 » ⎫
2000 — Martin. à 2 » 4000 » ⎬   8 200 | »

——————— 16 ———————

(15) LENOIR, de Metz, A MARCHANDISES,
valeur à trois mois ou 5 %,
1000 kᵒˢ sucre   à 1 35 1350 » ⎫
200 kᵒˢ café Bourbon à 2 80   560 » ⎬
200 — Martin. à 2 65   530 » ⎬   2 450 | »
Emballage. ....   10 » ⎭

——————— 17 ———————

(17) MAUBERT, de Châlons, A MARCHANDISES,
valeur à trois mois ou 5 %,
2000 kᵒˢ sucre   à 1 30 2600 » ⎫
500 kᵒˢ café Bourbon à 2 75 1375 » ⎬   3 985 | »
Emballage.............   10 » ⎭

A reporter.....   22 621 | »

JANVIER 1862.

Report....	22 621	»

——————— 20 ———————

(20) DIVERS, à LENOIR, de Metz,
  pour solde de m/ f^{re} du 16 c^t.
EFFETS À RECEVOIR :
  Paris, 1er févr. 1 000   » ⎫
  Lyon, 10 — 1 000   » ⎬ 2 327 50
  Metz, 15 —   327 50 ⎭
PROFITS ET PERTES :
  Escompte de 5 %....... 122 50

	2 450	»

——————— 23 ———————

(21) EFFETS À RECEVOIR À OPPERMANN,
  pour sa remise, valeur en compte;
  Valenciennes, vue................

	6 498	80

——————— 25 ———————

(22) C. BOST, de Valenciennes, À DIVERS,
  pour solde de sa facture du 4 courant
A EFFETS À RECEVOIR :
  N° 4 Val^{ennes}, vue   6 498 80 ⎫
  — 2 Lyon, 10 sep. 1 000   » ⎬ 7 826 30
  — 3 Metz, 15 —   327 50 ⎭
A PROFITS ET PERTES :
  Escompte de 2 %........ 159 70

	7 986	»

——————— 27 ———————

(24) BÉRARD, de c/ v/, A MARCHANDISES,
  payable comptant, sans escompte,
  200 k^{os} café Bourbon, à...... 2 75

	550	»
	40 105	80

Journal.

JANVIER 1862.

		——— 1 ———		
2	1	Caisse a CAPITAL, pour mon capital versé en Caisse...	30 000	»
		——— 1 ———		
—	2	Divers a CAISSE, pour mes payements de ce jour,		
3		Mobilier, payé pour mobilier... 1 200 »	1 550	»
4		Frais gén., payé 3 mois de loyer. 350 »		
		——— 3 ———		
9	2	Oppermann a CAISSE, pour m/ versem^t, valeur en compte.	25 000	»
		——— 8 ———		

5	10	Marchandises a C. BOST,
		    sa f^{re} du 4 c^t, val. à un mois ou 2 %,
		    7986 k^{os} sucre à fr. 1 ».........
			7 986	»

		——— 10 ———		
5	2	Marchandises a CAISSE, payé pour 2000 k^{os} riz à » 25......	500	»
		——— 12 ———		

5	11	Marchandsies a L. DURAND,
		    sa f^{re} du 5 c^t, val. à trois mois ou 5 %,
		    2000 k^{os} café Bourbon à 2 10 4 200 »
		    2060 — Martin. à 2 » 4 000 »
			8 200	»

		A reporter....	73 236	»

JANVIER 1862.

| | | | | Report.... | 73 236 | » |

------- 16 -------

12	5	LENOIR A MARCHANDISES,			
		valeur à trois mois ou 5 %,			
		1000 kᵒˢ sucre à	1 35	1 350 »	
		200 kᵒˢ café Bourbon à 2 80	560 »		2 450	»
		200 — Martin. à 2 60	530 »		
		Emballage...............	10 »		

------- 17 -------

13	5	MAUBERT A MARCHANDISES,			
		valeur à trois mois ou 5 %,			
		2000 kᵒˢ sucre à	1 30	2 600 »	
		500 kᵒˢ café Bourbon à 2 75	1 375 »		3 985	»
		Emballage...............	10 »		

------- 18 -------

| 2 | 5 | CAISSE A MARCHANDISES, | | | |
| | | reçu pour 1000 kᵒˢ sucre à 1 30... | | 1 300 | » |

------- 20 -------

—	12	DIVERS A LENOIR,			
		pour solde de ma factʳᵉ du 16 courᵗ.			
6		EFFETS A RECEVOIR, sa remise :			
		Paris, 1ᵉʳ févr. 1000 »			
		Lyon, 10 — 1000 »	2 327 50		2 450	»
		Metz, 15 — 327 50			
7		PROFITS ET PERTES :			
		5 % sur ladite facture... 122 50			

| | | | | A reporter.... | 83 421 | » |

JANVIER 1862.

| | | | Report.... | 83 421 | » |

— 25 —

DIVERS A DIVERS,
    pour les opérations de ce jour :
EFFETS A RECEVOIR :
    remise d'Oppermann..... 6 498 80
C. BOST, pour solde de sa
    facture du 4 courant,
N° 4, Val^cnes^, vue 6 498 80
— 2, Lyon, 10 fév. 1 000 »
— 3, Metz, 15 — 327 50
Escompte 2 %.. 159 70

    7 986 »

    14 484 80

9   A OPPERMANN, pour sa rem.
    Bordeaux, à vue........ 6 498 80
6   A EFFETS A RECEVOIR, ma
    remise à Bost.......... 7 826 30
7   A PROFITS ET PERTES, es-
    compté s/ la facture Bost. 159 70

    14 484 80

— 27 —

13 5   L. BÉRARD, A MARCHANDISES,
    payable comptant, sans escompte,
    200 k^os^ café Bourbon à 2 75........ 550 »

— 29 —

2 13   CAISSE A L. BÉRARD,
    son payement pour ma l^re^ du 27 e^t^. 550 »

    A reporter.... 99 005 80

JANVIER 1862.

| | | | Report.... | 99 005 | 80 |

2		**DIVERS A CAISSE,**			
		pour les payements ci-après :			
4		FRAIS GÉNÉRAUX :			
		dépenses diverses pendant le mois, ... 278 60	378 60		
		mois au garçon de magasin...... 100 »		578	60
8		DÉPENSES DE MAISON :			
		prélevé pendant ce mois... 200 »			
				99 584	40

Répertoire du Grand-Livre.

BÉRARD, L.	Paris	f° 13
BOST, C.	Valenciennes	10
CAISSE		2
CAPITAL		1
DÉPENSES DE MAISON		8
DURAND, L.	Bordeaux	11
EFFETS A RECEVOIR		6
FRAIS GÉNÉRAUX		4
LENOIR	Metz	12
MARCHANDISES		5
MAUBERT	Châlons	13
MOBILIER		3
DREYMANN	Paris	9
PROFITS ET PERTES		7

Grand-Livre.

1	Doit	CAPITAL					CAPITAL		Avoir	1			
							1862 janv.	1	Par Caisse, m/ versem.	1	2	30 000	»

2	Doit	CAISSE					CAISSE		Avoir	2			
1862 janv.	1	A Capital, m/ versem.	1	1	30 000	»	1862 janv.	1	Par Div., p^{mt} de mob., l^r.	1	—	1 550	»
	18	A March., vente au c^t.	2	5	1 300	»		3	Par Oppermann, m/ vers^t	1	9	25 000	»
	29	A Berard, s/payement.	3	13	550	»		10	Par March., achat de riz.	1	5	500	»
								31	Par Divers, pay^{mt} à div.	3	—	578	60

	Doit	MOBILIER					MOBILIER		Avoir	3			
1862 janv.	1	A Caisse, ach. d'un mob.	1	2	1 200	»							

	Doivent	FRAIS					GÉNÉRAUX		Avoir	4			
1862 janv.	1	A Caisse, pay^{mt} de loyer.	1	2	350	»							
	31	— — de div. frais	3	»	378	60							

5 — DOIVENT — MARCHANDISES — MARCHANDISES — AVOIR — **5**

Date							Date						
1862 janv.	8	A C. Bost, s/	1	10	7986	»	1862 janv.	16	Par Lenoir, ma factre.	1	12	2450	»
	10	A Caisse,	»	2	500	»		17	Par Maubert, —	2	13	3985	»
	12	A L. Durand.	»	11	8200	»		18	Par Caisse, vente au ct.	»	2	1300	»
								27	Par Bérard, m/ factre.	3	13	550	»

6 — DOIVENT — EFFETS — A RECEVOIR — AVOIR — **6**

Date							Date						
1862 janv.	20	A Lenoir, sa remise.	2	12	2327	50	1862 janv.	25	Par Divers, remise de C. Bost.	2	—	7826	30
	25	A Divers, remise d'Op-permann.	»	—	6498	80							

7 — DOIVENT — PROFITS — ET PERTES — AVOIR — **7.**

Date							Date						
1862 janv.	20	A Lenoir, escompte.	2	12	122	50	1862 janv.	25	Par Divers, escompte.	2	—	159	70

8 — DOIVENT — DÉPENSES — DE MAISON — AVOIR — **8**

Date						
1862 janv.	31	A Caisse, dépenses.	3	2	200	»

9.

9   DOIT   OPPERMANN   115, rue de Londres.   AVOIR   9

Doit						Avoir					
1862 janv.	3	A Caisse, m/ versem^t	4	2	25 000	»	1862 janv.	25	Par Divers, sa remise.	2	—	6 498	80

10   DOIT   C. BOST   à Valenciennes.   AVOIR   10

Doit						Avoir					
1862 janv.	25	A Divers, m/ règlem^t	2	—	7 986	»	1862 janv.	8	Par March., s/ fact^{re}	1	5	7 986	»

11   DOIT   L. DURAND   à Bordeaux.   AVOIR   11

Doit						Avoir					
							1862 janv.	12	Par March., s/ fact^{re}	1	5	8 200	»

12   DOIT   LENOIR   à Metz.   AVOIR   12

Doit						Avoir					
1862 janv.	16	A Marchand., m/fac^{re}	1	5	2 450	»	1862 janv.	20	Par Div., s/rem. et s. esc.	2	3	2 450	»

13   DOIVENT   DIVERS   DIVERS   AVOIR   13

Doivent						Avoir					
1862 janv.	17	A Mar., Maubert, m/f^{re}	2	5	3 985	»	1862 janv.	29	Par Caisse, Bérard, s/ payement.	3	2	550	»
	27	Bérard, —	18	»	300	»						

Le *Compte de divers*, dont je n'ai pas encore parlé jusqu'à présent, est un état qui renferme les comptes de divers correspondants avec lesquels on ne fait pas suffisamment d'affaires pour qu'il vaille la peine d'ouvrir un compte spécial à chacun d'eux. La tenue en est fort simple : après le compte opposé, on inscrit l'un après l'autre les noms des correspondants, puis les folios, les sommes, etc. Beaucoup de maisons ouvrent des comptes à tous les correspondants indistinctement, afin d'éviter l'inconvénient de rechercher, puis de recueillir sur une feuille volante les sommes éparses dans le *Compte de divers* qui regardent un même correspondant, toutes les fois qu'on veut se rendre compte de sa situation.

Balance.

L'avantage le plus précieux qu'offre la tenue des livres en partie double est, sans contredit, son moyen de contrôle infaillible pour s'assurer de l'exactitude des écritures. Tous les mois, on fait une balance de vérification qui consiste en ceci :

1° Faire les additions des sommes aux livres auxiliaires et les réunir en un seul total ;

2° Faire l'addition des sommes du journal dont le total doit être égal à celui des livres auxiliaires ;

3° Faire l'addition des sommes totales du débit, et ensuite celle des sommes totales du crédit de tous les comptes du Grand-Livre. Si ces quatre totaux sont égaux, nous aurons la preuve qu'il n'existe aucune erreur dans les écritures.

Les exercices ci-dessus présentent la balance suivante :

1° *Livres auxiliaires* : Caisse, Recettes............. 31 850 »
              id.   Payements......... 27 628 60
              Main-Courante............. 40 405 80

                                Total..... 99 584 40

2° *Journal*....................... Total..... 99 584 40

3° *Grand-Livre.*

		Débit.		Crédit.	
f°	1. Capital.................	—		30 000	»
f°	2. Caisse.................	31 850	»	27 628	60
f°	3. Mobilier................	1 200	»	—	
f°	4. Frais généraux...........	728	60	—	
f°	5. Marchandises générales	16 686	»	8 285	»
f°	6. Effets à recevoir..........	8 826	20	7 826	30
f°	7. Profits et Pertes..........	122	50	159	70
f°	8. Dépenses de Maison.......	200	»	—	
f°	9. Oppermann, de cette ville..	25 000	»	6 498	80
f°	10. C. Bost	7 986	»	7 986	»
f°	11. L. Durand...............	—		8 200	»
f°	12. Lenoir	2 450	»	2 450	»
f°	13. Maubert................	3 985	»	—	
»	Bérard.................	550	»	550	»
	Totaux.....	99 584	40	99 584	40

Collation.

Si la concordance mentionnée ci-dessus n'existe pas, il est certain qu'il s'est glissé dans les écritures, soit des erreurs, soit des omissions ou des doubles emplois. Pour les découvrir, on a recours au pointage, opération pour laquelle il convient d'être deux ou trois. L'un tient un des livres auxiliaires, et appelle chaque article en indiquant les folios du Journal. L'autre tient le Journal, cherché l'article annoncé et appelle les folios du Grand-Livre. Le troisième cherche les comptes au Grand-Livre et appelle les sommes. On met un point à côté de chaque somme trouvée d'accord, de là le nom de pointage.

Inventaire.

On appelle inventaire un état des espèces en caisse, des valeurs en portefeuille, des marchandises en magasin, des meubles et immeubles que l'on possède.

En appliquant ceci aux exercices ci-dessus, nous trouvons cet inventaire :

Espèces en caisse.........................		4221 40
Effets en portefeuille.....................		1000 »
Marchandises en magasin :		
3986 kilos sucre à 1 fr...... 3986 »		
2000 » riz à 25 c......... 500 »		
1100 » café B. à 2 10.... 2310 »		10396 »
1800 » » M. à 2 fr.... 3600 »		
Mobilier		
Un bureau d'acajou, évalué... 200 »		
Un secrétaire, évalué........ 150 »		
Une table, évaluée .... 50 »		
Huit chaises à 5 fr.......... 40 »		1140 »
Une caisse en fer .... 500 »		
Une bascule avec ses poids ... 200 »		
Total.....		16757 40

Bilan.

Le bilan est un état complet de ce que possède un commerçant, de ce qu'il doit et de ce qui lui est dû.

Voici ce qu'il y a à faire pour établir le bilan des exercices qui précèdent :

Suivant la balance ci-dessus, le compte de marchandises générales est crédité de... 8285 »

Le total des marchandises en magasin s'élève à.................................... 10396 »

Total..... 18681 »

Le débit de ce compte n'est que de......... 16686 »

Reste comme bénéfice brut................ 1995 »

dont on crédite le compte de Profits et Pertes par celui de Marchandises générales :

MARCHANDISES A PROFITS ET PERTES
pour le bénéfice brut sur ce compte..... 1995 »

Le compte de Mobilier est débité de......... 200 »
La valeur des meubles n'est que de......... 140 »

ce qui fait une diminution de valeur de 60 »

dont je débite Profits et Pertes par Mobilier :

PROFITS ET PERTES A MOBILIER
pour moins-value sur mon mobilier...... 60 »

Les Frais généraux s'élèvent à fr. 728 60 ; j'en crédite ce compte par le débit de Profits et Pertes :

PROFITS ET PERTES A FRAIS GÉNÉRAUX
pour solde de ce compte................ 728 60

Les dépenses de maison sont de fr. 200 » j'en crédite ce compte par le débit de Profits et Pertes :

PROFITS ET PERTES A DÉPENSES DE MAISON
pour solde de ce compte................ 200 »

Enfin le compte de Profits et Pertes a été
   crédité, suivant la balance, de..........   159 70
   j'y ai ajouté le bénéfice brut..........   1995 »

               Total du crédit.....   2154 70

Le débit s'est élevé à.......... 122 50
J'y ai porté :
   pour diminution sur la valeur
     des meubles. ....   60 »   1111 10
   le solde des Frais généraux... 728 60
   »   des Dépenses de maison 200 »

Reste bénéfice net 1043 60
   dont je crédite le compte de Capital par le
   débit de Profits et Pertes ;

Profits et Pertes à Capital
   pour le bénéfice net.................   1043 60

Passez ces écritures au Journal et au Grand-Livre, et
faites une nouvelle balance qui doit se présenter ainsi :

Fos	COMPTES	DEBIT		CRÉDIT		SOLDES Débiteurs.		SOLDES Créditeurs.	
1	Capital.	»	»	31 043	60	»	»	31 043	60
2	Caisse.	31 850	»	27 628	60	4 221	40	»	»
3	Mobilier.	1 200	»	60	»	1 140	»	»	»
4	Frais généraux.	728	60	728	60	»	»	»	»
5	Marchandises générales.	18 681	»	8 285	»	10 396	»	»	»
6	Effets à recevoir.	8 826	30	7 826	30	1 000	»	»	»
7	Profits et pertes.	2 154	70	2 154	70	»	»	»	»
8	Dépenses de maison.	200	»	200	»	»	»	»	»
9	Oppermann.	25 000	»	6 498	80	18 501	20	»	»
10	C. Bost.	7 986	»	7 986	»	»	»	»	»
11	L. Durand.	»	»	8 200	»	»	»	»	»
12	Lenoir.	2 450	»	2 450	»	»	»	8 200	»
13	Maubert.	3 985	»	»	»	3 985	»	»	»
»	Bérard.	550	»	550	»	»	»	»	»
		103 611	60	103 611	60	39 243	60	39 243	60

Moyennant cette seconde balance, on est en état de faire le bilan dont les éléments se trouvent dans les deux dernières colonnes à droite (soldes débiteurs et créditeurs).

Bilan. au 31 janvier 1862.

ACTIF			PASSIF		
Espèces en Caisse.	4 221	40	Créditeurs : L. Durand.	8 200	»
Effets en portefeuille.	1 000	»	Capital.	31 043	60
Marchandises en magasin.	10 396	»			
Mobilier.	1 140	»			
Débiteurs : Oppermann.	18 501	20			
Maubert.	3 985	»			
	39 243	60		39 243	60

Balance de sortie et balance d'entrée.

Après avoir fait le bilan, on solde tous les comptes par balance de sortie, ce qui a lieu une fois par an. Cette écriture se résume en deux articles :

1° BALANCE DE SORTIE A DIVERS
Pour solder les comptes composant mon actif.

(Suivent les comptes et les sommes de l'actif au bilan ci-dessus.)

2° DIVERS A BALANCE DE SORTIE
Pour solder les comptes composant mon passif.

(Suivent les comptes et les sommes du passif au bilan ci-dessus.)

Les articles ainsi passés au Journal et au Grand-Livre, on arrête les écritures du Journal en faisant l'addition et en tirant sous le total une double barre.

On arrête de même tous les comptes au Grand-Livre.

Enfin, on fait la balance d'entrée (l'inverse de la balance de sortie) pour rouvrir tous les comptes débiteurs et créditeurs, et l'on commence un nouvel exercice.

JOURNAL-GRAND-LIVRE-BALANCE

J'ai déjà donné des détails sur ce registre au n° 201. A la page suivante, j'en donne un spécimen, en me servant de quelques articles pris parmi les exemples qui précèdent.

Les quatre premières colonnes de gauche forment le Journal; le reste à droite constitue le Grand-Livre.

L'abréviation du travail consiste en ce que les comptes généraux sont représentés par des colonnes, et que le véritable Grand-Livre est restreint aux comptes personnels seulement, qui sont réunis ici dans la colonne de *Divers*.

Ce registre peut subir des modifications : on peut ajouter des colonnes, on peut en retrancher, suivant les besoins des commerçants.

Journal - Grand - Livre - Balance.

JOURNAL　　　　　　　　　　GRAND-LIVRE

DATES	OPÉRATIONS	DÉTAILS	TOTAUX	DIVERS Débit	DIVERS Crédit	CAISSE Débit	CAISSE Crédit	EFFETS À RECEVOIR Débit	EFFETS À RECEVOIR Crédit	EFFETS À PAYER Débit	EFFETS À PAYER Crédit	MARCHANDISES Débit	MARCHANDISES Crédit	PROFITS ET PERTES Débit	PROFITS ET PERTES Crédit	CAPITAL Débit	CAPITAL Crédit
1862 Jan. 1	Caisse à CAPITAL, pr mon capital versé en Caisse.	.....	30 000 »	» »	» »	30 000 »	» »	» »	» »	» »	» »	» »	» »	» »	» »	» »	30 000 »
— 1	Divers à CAISSE, pour m/ payms de ce jour...	» »	» »	» »	» »	» »	» »	» »	» »	» »	» »	» »	» »	» »	» »	» »	» »
	MOBILIER, payé pr divers meubles.	1 200 »		1 200 »	» »	» »	» »	» »	» »	» »	» »	» »	» »	» »	» »	» »	» »
	FRAIS GÉNÉRAUX, payé 3 mois		1 550 »				1 550 »										
	de loyer.	350 »	» »	» »	» »	» »	» »	» »	» »	» »	» »	» »	» »	350 »	» »	» »	» »
— 3	Oppermann à C., pr m/ versem. espèces.	.....	25 000 »	25 000 »	» »	» »	25 000 »	» »	» »	» »	» »	» »	» »	» »	» »	» »	» »
— 8	Marc. à C. BOST, sa facture du 4 courant,	.....	7 986 »	» »	7 986 »	» »	» »	» »	» »	» »	» »	7 986 »	» »	» »	» »	» »	» »
— 10	March. à CAISSE, payé pr 2 000 kos riz à 25 c.	.....	500 »	» »	» »	» »	500 »	» »	» »	» »	» »	500 »	» »	» »	» »	» »	» »
			65 036 »	26 200 »	7 986 »	30 000 »	27 050 »	» »	» »	» »	» »	8 486 »	» »	350 »	» »	» »	30 000 »

Ces quelques exemples suffiront pour démontrer l'utilité de ce registre, qui offre au commerçant un contrôle continuel de ses écritures. Au bas de chaque page, on fait l'addition de toutes les sommes au débit, puis de toutes celles au crédit, et l'une et l'autre doivent être égales à l'addition des totaux du Journal. Faisons-en la preuve à cette page.

Les totaux de la colonne des Divers s'élèvent à 26 200 »   7 986 »
    »   »   de la Caisse   30 000 »   27 050 »
    »   »   des Marchandises   8 486 »   » »
    »   »   des Profits et Pertes   350 »   » »
    »   »   du Capital   » »   30 000 »

Totaux égaux au total de la colonne du Journal 65 036 »   65 036 »

Reste à vérifier le Livre des Divers, pour voir si les additions sont d'accord avec celles de la colonne des Divers.

XVI

COMPTES-COURANTS PORTANT INTÉRÊTS

On appelle Compte-Courant un état contenant les différentes sommes qu'un banquier ou un négociant a payées ou reçues, les remises d'effets qu'il a faites, etc., pour le compte d'un correspondant et les intérêts par jour à un taux convenu d'avance.

Ces comptes ne diffèrent, par conséquent, des comptes ordinaires que par l'addition des intérêts, qui exigent plusieurs colonnes supplémentaires, savoir : la colonne des dates fixant le départ des intérêts, la colonne des nombres de jours pendant lesquels les intérêts sont dus, et enfin la colonne des intérêts ou des nombres.

Des différentes méthodes de tenir les Comptes-Courants portant intérêts, on en distingue surtout deux : l'ancienne ou la directe, et la nouvelle ou l'indirecte.

I

Suivant l'ancienne méthode, on compte le nombre de jours de chaque somme, tant au débit qu'au crédit, du jour de l'opération ou de l'échéance des effets au jour auquel on arrête le compte. On les écrit dans la colonne des jours, puis on compte sur les sommes y correspondant les intérêts que l'on porte dans la colonne des intérêts.

Pour arrêter le compte, on balance les intérêts en ajoutant au côté le plus faible la différence du côté opposé, puis on porte cette différence dans la colonne des sommes, du côté où les intérêts sont le plus forts. Enfin, on fait les additions des sommes du débit, ainsi que de celles du crédit, on ajoute la balance au côté le plus faible, on ferme le compte, on pose les totaux et on fait sortir le solde à nouveau.

I. Ancienne méthode.

Doir   MONSIEUR ROBERT, son compte courant et d'intérêt à 6 % l'an, chez MONNARD, arrêté le 30 septembre 1861.   Avoir

1861									
Juin.	30	M/ payement espèces.	500	»	Juin	30	92	7	66
Juillet.	31	M/ remise Paris. . .	1 000	»	Juillet	31	61	10	16
Août.	8	M/ payement espèces.	200	»	Août	8	53	1	76
»	20	— — —	350	»	»	20	41	2	40
»	31	— — —	250	»	»	31	30	1	25
Sept.	10	M/ rem/ Lille.	600	»	Sept.	10	20	2	»
»	25	M/ payement espèces.	800	»	»	25	5	»	66
»	30	Intérêts en ma faveur.	9	45	»	30	»	»	»
			3 709	45				25	89
1861									
Sept.	30	Solde débit. à nouv.	359	45					

1861									
Juillet	10	S/ rem/ Marseille. . .	200	»	Juillet	31	61	2	03
»	»	— Le Havre. . .	300	»	Août	10	51	7	65
»	»	— Bordeaux. . .	600	»	»	»			
Août	25	S/ versement espèces.	1 000	»	»	26	35	5	83
Sept.	»	S/ rem/ Strasbourg. .	400	»	Sept.	16	14	»	93
»	»	— Metz.	250	»	»	30	»	»	»
»	»	— Nancy. . . .	600	»	»	»	»	»	»
»	30	Balance des intérêts.	»	»	»	»	»	9	45
»	»	Solde à nouveau. . .	359	45	»	»	»	»	»
			3 709	45				25	89

II.

Suivant la nouvelle méthode, on compte le nombre de jours écoulés depuis le commencement du compte, ou l'époque du dernier arrêté, jusqu'au jour de chaque payement et de l'échéance de chaque effet. On multiplie chaque somme par le nombre de jours correspondant, et l'on inscrit le produit dans la colonne des nombres.

Pour arrêter le compte, on fait l'addition des sommes (capitaux) au débit, ainsi que celle des sommes au crédit; on ajoute la différence au côté le plus faible, mais hors de la colonne, en y écrivant : *Balance des capitaux*. On multiplie cette balance par le nombre de jours de la durée du compte, et l'on porte le résultat dans la colonne des nombres. Cela fait, on additionne les nombres du débit, puis ceux du crédit, et l'on ajoute la différence au côté le plus faible. On calcule les intérêts sur cette balance des nombres en la divisant par 120 si les intérêts sont à 3 0/0, par 90 s'ils sont à 4, par 72 s'ils sont à 5 et par 60 s'ils sont à 6 0/0 (1). Enfin, on ajoute les intérêts aux capitaux du côté où se trouve la balance des nombres, en y écrivant : *Intérêts sur la balance des nombres par...* (60, 72, 90 ou 120); on ferme le compte, on pose les totaux et on fait sortir le nouveau solde.

---

(1) Ces chiffres s'obtiennent en divisant le nombre des jours de l'année commerciale (360) par le taux des intérêts : 360 : 4 = 90 ; 360 : 5 = 72, etc. C'est une simplification que j'expliquerai par un exemple :

Fr. 100 en 360 jours donnent fr. 6 » ; combien donnent fr. 625.50 en 45 jours ?

J'aurai $\dfrac{625.50 \times 45 \times 6}{100 \times 360} = $ fr. 4.69.

En divisant 360 par 6 j'obtiendrai :

$$\dfrac{625.50 \times 45}{100 \times 60} = \text{fr. } 4.69.$$

II. Nouvelle méthode.

Doit — MONSIEUR ROBERT, son compte courant et d'intérêts — à 6 % l'an, chez MONNARD, arrêté le 30 septembre 1861. — **Avoir**

1861			fr.	c.				Nombres
Juin	30	M/ payement espèces.	500	»	Juin	30	époque	»
Juillet	31	M/ remise Paris....	1 000	»	Juillet	31	31	31 000
Août	8	M/ payement espèces.	200	»	Août	8	39	7 800
»	20	— — —	350	»	»	20	51	17 850
»	31	— — —	250	»	»	31	62	15 500
Sept.	10	M/ rem/ Lille.....	600	»	Sept.	10	72	43 200
»	25	M/ payement espèces.	800	»	»	25	87	69 600
»	30	Intérêts s/ la bal. des nomb. par 60...	9	45	»	»	»	56 750
			3 709	45				241 700
1861								
Sept.	30	Solde débit. à nouv.	359	45				

1861			fr.	c.				Nombres
Juillet	10	S/ rem/ Marseille...	200	»	Juillet	31	31	6 200
»	»	— Le Havre...	300	»	Août	10	41	36 900
»	»	— Bordeaux...	600	»	»	»		
Août	25	S/ versement espèces.	1 000	»	»	26	57	57 000
Sept.	5	S/ rem/ Strasbourg..	400	»	Sept.	16	78	31 200
»	»	— Metz.....	250	»	»	30	92	78 200
»	»	— Nancy....	600	»	»	»		
»	30	Fr. 350, bal. de capit.	»	»	»	30	92	32 200
»	»	Soldé à nouveau...	359	45	»	»	»	»
			3 709	45				241 700

NOMBRES ROUGES

Arrêter un compte-courant portant intérêt, c'est faire les totaux au débit ainsi qu'au crédit, ajouter les intérêts et déterminer le solde à nouveau. Ce solde est le point de départ du nouveau compte, qui porte intérêt à partir du jour où il a été arrêté.

Supposons que M. Th. Lenoir ait chez moi un compte-courant, que je tiens d'après l'ancienne méthode et que j'arrête au 31 décembre. Quelques jours avant cette date il me remet un effet de fr. 1000, à l'échéance du 15 janvier suivant. Or, en arrêtant le compte au 31 décembre, les fr. 1000 entreraient dans le solde à nouveau et porteraient intérêt à partir de cette époque, intérêt qui ne serait dû qu'au 15 janvier.

Pour faire entrer ces fr. 1000 dans le solde du 31 décembre, je dois donc en prélever l'intérêt de quinze jours, ce que je fais de la manière suivante : Je compte les intérêts du 31 décembre au 15 janvier et je les écris en regard des fr. 1000, dans la colonne des intérêts, *à l'encre rouge*, afin de ne pas les comprendre dans mon addition; puis je les porte au côté opposé à l'encre noire, et je les fais entrer dans le total des intérêts.

Voici la règle générale : Les intérêts dus après le jour auquel on arrête le compte, doivent être écrits à l'encre rouge et portés ensuite au côté opposé, où ils sont compris dans l'addition.

La nouvelle méthode a l'avantage d'exclure les nombres rouges, par cette raison que l'on compte les jours sur lesquels on calcule les intérêts à partir de l'ouverture du compte ou du dernier règlement, et qu'il arrive rarement qu'une somme porte intérêt avant cette date. S'il y en avait, on ajouterait tout simplement les intérêts dus jusqu'à l'époque qui sert de point de départ au compte.

Il me resterait encore plusieurs explications à donner sur la tenue de ces comptes, mais je m'en tiens ici à ces indications générales et en quelque sorte mécaniques, du reste suffisantes. Toutefois, je me réserve d'y revenir dans un ouvrage que je prépare sur la comptabilité appliquée à l'industrie, à la banque, etc., ouvrage destiné à servir de complément à ce traité.

FIN DE LA PREMIÈRE ÉDITION

A l'occasion de la 2e édition de notre traité de Comptabilité, nous croyons devoir parler du *Chèque*, si usité aujourd'hui et dont l'usage ne peut que se généraliser de plus en plus, quand le public aura apprécié toute la commodité de ce nouveau mode de payement.

LE CHÈQUE

(Loi du 11 Juillet 1865).

Art. I. Le *Chèque* est l'écrit qui, sous la forme d'un mandat de payement, sert au tireur à effectuer le retrait, à son profit ou au profit d'un tiers, de tout ou partie de fonds portés au crédit de son compte chez le tiré, et disponibles.

Il est signé par le tireur et porte la date du jour où il est tiré.

Il ne peut être tiré qu'à vue.

Il peut être souscrit au porteur ou au profit d'une personne dénommée.

Il peut être souscrit à ordre et transmis même par voie d'endossement en blanc.

Art. II. Le chèque ne peut être tiré que sur un tiers ayant provision préalable, il est payable à présentation.

Art. III. Le chèque peut être tiré d'un lieu sur un autre ou sur la même place.

Art. IV. L'émission d'un chèque, même lorsqu'il est tiré d'un lieu sur un autre, ne constitue pas, par sa nature, un acte de commerce.

Toutefois les dispositions du Code de commerce relatives à la garantie solidaire du tireur et des endosseurs, au protêt et à l'exercice de l'action en garantie, en matière de lettres de change, sont applicables aux chèques.

Art. V. Le porteur d'un chèque doit en réclamer le payement dans le délai de cinq jours, y compris le jour de la date, si le chèque est tiré de la place sur laquelle il est payable; et dans le délai de huit jours, y compris le jour de la date, s'il est tiré d'un autre lieu.

Le porteur d'un chèque qui n'en réclame pas le payement dans les délais ci-dessus, perd son recours contre les endosseurs; il perd aussi son recours contre les tireurs, si la provision a péri par le fait du tiré, après lesdits délais.

Art. VI. Le tireur qui émet un chèque sans date ou qui le revêt d'une fausse date est passible d'une amende égale à 6 p. %. de la somme pour laquelle le chèque est tiré.

L'émission d'un chèque sans provision préalable est passible de la même amende, sans préjudice de l'application des lois pénales, s'il y a lieu.

Art. VII. Les chèques sont exempts de tout droit de timbre pendant dix ans à dater de la promulgation de la présente loi.

FIN.

TABLE DES MATIÈRES

Pages.

TENUE DES LIVRES.

TABLE DES MATIÈRES

FIN DE LA TABLE DES MATIÈRES.

Paris. — Imprimerie Édouard BLOT, rue Turenne, 66.